Lenelotte von Bothmer

# Mit der Kuh am Strick

Lenelotte von Bothmer

**Mit der Kuh am Strick**
Szenen aus den Dienstjahren
einer Hinterbänklerin

Mit einem Vorwort
von Freimut Duve

antonia Verlag
Hamburg

Die Deutsche Bibliothek – CIP-Einheitsaufnahme
Lenelotte von Bothmer
Die Kuh am Strick
Antonia-Verlag, Hamburg, Jupiter Weg 19, 22391 Hamburg
1. Auflage Mai 1996
Alle Rechte vorbehalten.
Vervielfältigung von Text und Grafiken, auch auszugsweise, sind nur mit der ausdrücklichen Genehmigung des Verlages gestattet.

Grafische Gestaltung: Hans-Gerd Hamers, Leverkusen
Satz: Agathos, Leverkusen
Gesamtherstellung: Wiener Verlag, Himberg bei Wien

ISBN 3-9804627-2-2

# Vorwort

Vor einiger Zeit habe ich mich einmal vertan. Ich nannte meine Arbeit als Abgeordneter des Bundestages 'Beruf'. Viele wütende Reaktionen. Das sei doch alles andere als 'Beruf' - allenfalls eine Berufung. Aber auch da zögerten die Kritiker nicht. Manche wollten die Tätigkeit nicht einmal als Arbeit gelten lassen, und bei manchen hörte ich den Unterton: wozu braucht man euch eigentlich?

Regierungen 'braucht' man. Abgeordnete müssen immer wieder nachweisen, daß sie benötigt werden. Das Parlament ist das Ergebnis einer geistigen Jahrhundertschlacht. Soll die - notwendige - Exekutive kontrolliert werden durch Vertreter der Wähler? Dürfen verbindliche Regelungen für uns alle gemacht werden, wie Anordnungen der Regierungen, oder müssen sie als Gesetz vom Parlament gemacht und verabschiedet werden?

Lenelotte von Bothmer war viele Jahre Abgeordnete - sie verließ den Bundestag, als ich dort anfing, 1990. Elf Jahre hat sie ihm angehört, - als im Herbst 1969 Willy Brandt und Walter Scheel die Chance ergriffen, endlich eine Alternative zur Adenauer-Ära zu bieten. Jetzt - 16 Jahre nach ihrem Ausscheiden - legt sie ihre liebenswürdigen, teils heiteren, oft ernsten, aber immer verantwortungsbewußten Erinnerungsskizzen vor. Manches hat sich gewiß verändert, aber vieles erkenne ich wieder. Selten hat eine engagierte Politikerin jene zuweilen gerade absurden Nebenszenen, in die wir Politiker immer wieder vor allem in den Beziehungen zu Kollegen aus anderen Staaten geraten, so wach und souverän zum besten gegeben. Ohne zu verletzen.

Ihr großes Engagement galt den Beziehungen zu Afrika. Damals noch der Kontinent, dem die Unabhängigkeit von den Kolonialmächten Jahrzehnte des Aufbruchs versprach. Mühsam haben sie sich angebahnt, die Beziehungen zu den jungen Politikern mit der Aufbruchhoffnung. Kollegen, die heute Afrika besuchen, kommen oft bedrückt zurück. "L'Afrique noir est mal parti", hieß ein damals realistisches Buch, dessen These: Schwarzafrika hatte einen schlechten Start, dem wir entgegenarbeiten wollten - Lenelotte von Bothmer als Politikerin, ich als Journalist und Büchermacher.

Ihr Buch erinnert an die vielen tausend kleinen Schritte, die wir tun - es ist vielleicht gut, daß wir nicht immer genau mitkriegen, wann sie uns nicht in die Berglandschaften des Aufbruchs, sondern in die Düsternis am Abgrund gebracht hatten. Aber ihre kleine Geschichte ürner die Begegnung mit dem bedeutenden Politiker und Intellektuellen Leopold Senghor, dem damaligen Präsidenten der jungen Republik Senegal, verbindet beides: den Stolz auf den kleinen Schritt, der etwas bewirkt, die Furcht vor dem nächsten Schritt, der ins Leere gehen könnte.

Im April 1996  Freimut Duve, MdB

Jeder Abgeordnete, Mann oder Frau, übernimmt eine große, verantwortungsvolle Aufgabe. Wer sie ernst nimmt, dem bleiben Kränkungen, Demütigungen und Rückschläge nicht erspart. Aber er erfährt auch Ermutigung. Von Erfolgen seiner Arbeit zu sprechen, wäre fast vermessen. Schon hie und da Anerkennung zu finden, darf gelten. Und wo zunächst nichts erkennbar schien, da zeigt sich manchmal spät nicht nur Bestätigung, sondern sogar positive öffentliche Wirkung.

# 1. Wie alles anfing

November 1990: "Sehr geehrte Frau von Bothmer.. - Ich wende mich heute als Ihr Bundestagsabgeordneter an Sie, um Sie auf den 2. Dezember aufmerksam zu machen. An diesem Tag wird das Parlament neu gewählt. ... Sie, als ältere Mitbürgerin sollen dazu einige Informationen von mir erhalten. Der Bundestag ist die unmittelbare unabhängige Vertretung der Wähler, er ist das wichtigste Entscheidungsgremium über die Politik im Lande..."

Ich lese diesen Brief... Ja, der Bundestag, das wichtigste Entscheidungsgremium! Und der unabhängige Abgeordnete! Ich nehme ein paar Aktenordner vom Bord. Wie bin ich selbst denn damals nach Bonn gekommen? Danach gedrängt habe ich mich nicht. Ich wäre viel lieber im Landesparlament geblieben, in das ich nachgerückt war zu dem ich aber zur nächsten Wahl nicht kandidieren durfte. Als Frau. Man sprach damals noch nicht von Quoten und gerechterer Verteilung von Ämtern und Mandaten auf Männer und Frauen. Politik galt bis weit in die 70er Jahre als traditionell männliche Domäne. Damals, 1969, stand die nächste Bundestagswahl vor der Tür - und alle Wahlkreise in Niedersachsen wurden mit männlichen Kollegen besetzt. Die Parteispitzengenossen grübelten: "Eine Frau sollten wir aber doch wenigstens haben... Wir müßten sie unter die ersten Plätze der Landesliste aufnehmen, - anders geht es ja gar nicht mehr." "Was? Unter die Prominenz der ersten Plätze? Das würde ja dann alle Wahlkreisbewerber um einen

Platz nach unten drücken!" - "Aber wir müssen auch an unsere Frauen in der Partei denken: die wären damit zufriedengestellt." Die Genossen fügten sich widerwillig dieser höheren Einsicht. Erst dann ging es um Namen: wer sollte, wer könnte denn diese Frau sein? Ein langwieriges Hin und Her. Schließlich stimmte eine knappe Mehrheit für mich. Denn ich hatte damals die höchste Position inne, die eine Frau in der regionalen Organisation einnehmen konnte: ich war Vorsitzende der Frauenarbeitsgemeinschaft und ich hatte überdies einen Sitz in den obersten Parteigremien des Landes. So wurde ich zur echten Alibifrau. Aber Alibi oder nicht - die Aufgabe begann mich zu reizen. Ich wollte meine Chance nutzen.

Und ich kam nach Bonn, als der erste sozialdemokratische Kanzler sein Amt antrat, Willy Brandt. Die Woge der Begeisterung, die die Fraktion erfaßt hatte, schien für mich die Aufnahme in ein neues verheißungsvolles 'Wir' federleicht zu machen. Am ersten Tag allerdings, als ich allein im fremden leeren Büro saß und an zu Hause dachte, überfiel mich ein Gefühl elender Verlorenheit und Reue - wie hatte ich mich nur auf dieses Bonn einlassen können? - Nicht, daß es später Gefühle dieser Art nie wieder gegeben hätte. Aber ich wuchs hinein in das, was für mich Bonn werden sollte.

Zunächst durfte ich in der Fraktion anmelden, in welchem der Ausschüsse ich mitarbeiten wollte. Jeder Abgeordnete erhielt zwei, manchmal sogar drei Ausschußsitze zugeteilt. Carlo Schmid, den ich aus Tübinger Studentenzeiten her kannte, riet mir: 'Wohnungsbau'. "Das ist für eine Frau etwas sehr Befriedigendes. Denn weißt du, jeder muß sich ein

Spezialgebiet erarbeiten, in dem er unschlagbar ist", sagte er. 'Für eine Frau'!! Warum dann nicht gleich die damalige Frauendomäne 'Soziales'? Beide Arbeitsgebiete sind wichtig, aber 'als Frau' wollte ich nicht Politik machen. Ich wünschte mir 'Auswärtiges', was selbstverständlich für einen Neuling ein unangemessener Wunsch war. Wie ich später herausfand, war der Auswärtige Ausschuß nämlich in erster Linie 'Honoratioren' vorbehalten, Leuten mit besonderen Verdiensten, ehemaligen Ministern zum Beispiel, oder solchen, die auf ein Ministeramt spekulieren konnten. Man teilte mich den Ausschüssen für Bildung und Wissenschaft sowie Petition zu. Pflichtgemäß vertiefte ich mich in die verschiedenen Länderentwürfe für ein Hochschulrahmengesetz und versuchte, an den immer neuen Fassungen unseres Gesetzesentwurfs mitzubasteln, - die bei den Ländern keine Gnade fanden. Nein: die jahrelange Beschäftigung damit begeisterte mich nicht. Da waren die Petitionen manchmal schon interessanter: jedes Ausschußmitglied bekam einzelne Eingaben zur Bearbeitung zugeteilt, - meist Eingaben von Bürgern, die trotz zäher Bemühungen bei den zuständigen Behörden ihr Recht nicht finden konnten. Das bedeutet: der Abgeordnete muß den ganzen Vorgang durcharbeiten, und, weil er in seiner Funktion, vorbei an blinder Korrektheit oder Gleichgültigkeit einzelner Bearbeiter, direkten Kontakt mit dem Amtsleiter oder Vorgesetzten aufnehmen kann, gelingt es tatsächlich immer mal wieder, einem Einzelnen zu helfen. Wenn trotz aller Bemühungen aber wirklich nichts zu machen ist, heißt das Ausschußvotum: der Petent ist über Sach- und Rechtslage zu informieren...

Meinen Aufgaben entsprechend lernte ich, die tägliche Papierflut, die der Riesenapparat Bundestag täglich auswirft, nach Sachgebieten und Terminen zu ordnen und mit der haufenweise eingehenden Post zurechtzukommen, - ganz zu schweigen von der Lektüre ganzer Ansammlungen von Zeitungsausschnitten und mindestens zweier Tageszeitungen. Die Sitzungswoche teilte den Arbeitsrhythmus ein: um Liegengebliebenes aufzuarbeiten war es günstig, spätestens Montagnachmittag im Büro am Schreibtisch zu sein; am Dienstagmorgen tagte der Arbeitskreis, im Anschluß daran die Arbeitsgruppen, und nachmittags folgte, nicht selten bis in den Abend hinein, die Fraktionssitzung. Mittwochs Ausschußsitzungen, den ganzen Donnerstag und Freitag bis in den Nachmittag hinein Plenarsitzung. Die Zeit fürs Büro und seine Papierberge, für notwendige Telefonate, für Besprechungen mit Besuchern war manchmal kaum herauszuschinden, und wollte ich mich mit dem einen oder anderen Kollegen in einer Sache abstimmen, stand die hierfür nötige halbe Stunde nur knapp zur Verfügung. Und kein Mensch da, der den Neulingen erzählte, daß es auch Hilfen im Haus gab, wo sie zu finden waren und wie man sich ihrer bedienen konnte... Von Schreibdienst, Kopierer - damals im Hochhaus mit seinen viel zu großen Fluren und den engen kleinen Arbeitszimmern nur wenige -, vom Archiv und der ausgezeichneten Bibliothek erfuhr ich erst nach und nach und zufällig. Und gar erst vom Fahrdienst, der jeden Abgeordneten zum und vom Bahnhof oder Flughafen befördert, der ihn von seiner Wohnung abholt und wieder zurückbringt und zu Terminen in der Stadt. In Unkenntnis dieser zeitgemäßen Einrichtung benutzte ich die Straßenbahn und nahm längere Fußwege in Kauf. Denn während meiner ersten Bonner Zeit hatte ich Quartier im Hotel Dreesen in Godesberg bezogen. Zwar gab es Abgeordnetenwohnungen direkt beim Bundeshaus, aber viel zu wenige. Ich ließ mich auf die Warteliste eintragen. Im Dreesen war damals ein Zimmer ohne Blick auf den Rhein sehr preiswert. (Ich war zeitlebens ans Sparen gewöhnt, deshalb kam ein teureres Zimmer für mich gar nicht in Frage.) Entsprechend meinem Sitzungsplan war dieses Zimmer stets für mich reserviert. Und welche Veränderung: nach jahrzehntelangem Mutter- und Hausfrauendasein wurde ich bedient! Und wie sich Hausdame, Portier und Kellner um mein Wohlsein bemühten! Da saß ich beim sorgfältig servierten Frühstück, den Blick auf den Rhein und das Siebengebirge, und fand Gelassenheit für den kommenden Tag. Ein Winter brachte mehr als die übliche Überschwemmung: die Rheinfluten stiegen bis ans Fensterbrett des Frühstückssaales und drohten, ins Haus einzudringen. Die Gäste zogen aus. Ich blieb. Schon plätscherte das Wasser rund um das Haus, die Eingangsstufen waren überspült. Ein schmaler Holzsteg wurde von der Tür bis zur leicht ansteigenden Straße in etwa zweihundert Meter Entfernung gelegt. Darauf balancierte ich, für alle Fälle mit viel zu großen Wasserstiefeln aus Hotelbestand ausgerüstet, unter dem Schutz des Hausdieners zum wartenden Dienstwagen. Zu Beginn der zweiten Legislaturperiode wurde eine der kleinen Abgeordnetenwohnungen für mich frei - nach so langem Verwöhntwordensein im Dreesen war ich wieder bereit, mir selbst Frühstück zu machen. Und der weite Weg fiel weg. Außerdem wurde ich in den Auswärtigen Ausschuß aufgenommen, da muß es eine unvorhergesehene Lücke gegeben haben!

## 2. Der Hosenanzug

Was als Spaß gedacht war - als kleine Lehre für den damaligen Vizepräsidenten des Bundestages, Jäger, der erklärt hatte, er werde keiner Frau erlauben, in Hosen im Plenum zu erscheinen, geschweige denn das Rednerpult zu betreten - wurde leider mein Markenzeichen. Es hängt mir bis zum heutigen Tag nach!

Ich wäre selbst gar nicht darauf gekommen, einen Hosenanzug, wie er Anfang der 70er Jahre modern war, anzuziehen. Aber Vizepräsidentin Lieselotte Funke war der Meinung, solch dummes Geschwätz wie das von Jäger dürfe man einfach nicht durchgehen lassen. Da gab ich ihr recht. "Tun Sie's! Kommen Sie im Hosenanzug!", sagte sie zu mir. Zu jener Zeit waren alle noch recht konventionell gekleidet: die Kollegen trugen dunkle Anzüge zu weißem Hemd und Schlips, die wenigen Kolleginnen meist streng korrekte Jackenkleider. Bisher war mir gar nicht bewußt geworden, daß die Versammlung eigentlich einen sehr tristen Eindruck machte.

Ich kaufte einen hellen Hosenanzug mit langer Jacke, die bis weit auf die Oberschenkel die Hosenbeine verdeckte - ein ausgesprochen züchtiges Kleidungsstück. Nach damaligem Begriff war der Anzug elegant. Ich ging damit ins Plenum. Nie hätte ich mir die Folgen ausmalen können! Der ganze Saal geriet in Bewegung, fröhliche Zurufe und Lachen in allen Reihen. Vom Balkon herunter richteten sich die Kameras der Presse auf mich. Kollege Jäger saß nicht im Präsidentenstuhl. Der amtierende Präsident aber runzelte verwundert die Stirn. Ein Abgeordneter rief: "Wäre ich nur auf so eine Idee gekommen und im Schottenrock erschienen!" Am Abend wurde der Hosenanzug vom Nachrichtensprecher im Fernsehen mit einem kleinen Schmunzeln erwähnt. Und am nächsten Tag konnte man in jeder Zeitung im Land davon lesen und meist auch ein Foto bewundern. Ausländische Zeitungen werteten die Sache als Zeichen deutscher Emanzipation... Ich war mit einem Schlag in aller Munde. Nicht, weil ich klug oder weitblickend gehandelt oder geredet hätte, nein, weil ich einen Hosenanzug getragen hatte. Überwältigend erlebte ich, was Menschen heute berühmt macht. Aber damit nicht genug: die Wähler landauf, landab reagierten und schickten eine Flut von Briefen. Anonyme, sehr häßliche, aber auch anerkennde, witzige, fröhliche. Die anonymen Schreiber machten sich oftmals sogar die Mühe, ihre Schimpfworte mit rotem Farbband zu schreiben: "Sie sind ein unanständiges würdeloses Weib!" - "Armes Deutschland! So tief bist du gesunken mit den roten Parteiweibern!" - "Sie sind eine ganz disziplinlose Person! Hoffentlich werden wir Sie im nächsten Bundestag nicht mehr sehen!" Eine Münchnerin war der Ansicht, ich solle mich schämen. Ein anderer Schreiber erklärte: "Eine Dame sind Sie nicht!" Einer schrieb: "Man sollte meinen, der Hosenanzug ist für eine alternde Frau nicht der richtige Anzug. Doch Provokation liegt nun mal der Frau, auch im Alter noch." Und schließlich befürchtete gar einer: "Nächstens kommen Sie wohl oben ohne!" Auf einer Postkarte standen nur die drei Worte: "Sie Schwein

Sie!" Daß ich solche Aggressionen ausgelöst hatte, erstaunte mich sehr. Was ich jedoch für bedenkenswert hielt, war, daß aus diesen vielen Briefen auch hervorging, wie viele sich persönlich getroffen fühlen, wenn ihrer Vorstellung von der Erhabenheit des Bundestages mit den dort selbstverständlich edel gekleideten Menschen nicht entsprochen wird. Sie wünschen sich von ihrer gewählten Volksversammlung, daß sie sich deutlich als etwas Höheres abhebt. Was, fragte ich mich, hielten wohl diese Aufgebrachten davon, wenn sie in festlicher Gesellschaft oder im Theater einer Frau im Hosenanzug begegneten? Das war offensichtlich etwas anderes... Der Bundestag sollte über allem stehen. ob die Kollegen sich das klarmachen, wenn sie, gar als Minister oder Bundestagspräsidenten, kein anderes Verhalten an den Tag legen wie so viele, die sich von der Macht korrumpieren lassen?

# 3. Rechts und links

Abends in der Wohnung: ein bescheidenes Zimmer mit Schlafnische, ein Bad, eine Küche. Die Einrichtung häßlich, übernommen vom Vorgänger vom Vorgänger vom Vorgänger, Stil 5Oer Jahre. Nur einen bequemen Sessel hatte ich dazugekauft. Der gibt etwas Gemütlichkeit her. In ihn setze ich mich und lege die Füße hoch, falls ich mal keine Abendverpflichtung habe, - oder wenn ich mich entscheide, von mehreren Einladungen keiner Folge leisten zu müssen, weil jede mich angenehmerweise bei der anderen entschuldigt. Dann darf ich einfach mal faul sein... Wenn ich Teller und Tasse beiseitegeräumt habe, nehme ich manchmal mein Tagebuch zur Hand. Da ist eine Eintragung vom Winter 1974: "Was ich nicht leicht hinnehmen kann, ist, daß ich eigentlich nichts bewegen kann. Es ist mir bisher nicht gelungen, Zustimmung oder auch nur Verständnis in der Fraktion für das zu finden, was mir wichtig ist: mein Eintreten für die Schwarzen in Südafrika, für die Palästinenser. Lange war mir nicht klar, warum ich als extrem 'links' gelte, - was soviel wie 'unzuverlässig' bedeutet. Es scheint mein deutliches Engagement zu sein, das von vielen merkwürdigerweise übel angesehen wird. Zudem mache ich mich vielleicht verdächtig, weil ich keinen Ehrgeiz zeige, in der Hierarchie der Fraktion aufzusteigen. Meine außenpolitischen Vorstellungen jedenfalls treffen auf Hohn. 'Das nennt die Außenpolitik', höre ich vom Chef der Kanalarbeiter."

Diese Kanalarbeiter - sie nannten sich selbst gern 'Freunde sauberer Verhältnisse' - machten als großer Bremserhaufen etwa Dreiviertel der sozialdemokratischen Fraktion aus. Der Rest mußte sich von ihrer Rechthaberei einiges gefallen lassen. Zwei Jahre nachdem wir mit Willy Brandt einen so hoffnungsvollen Anfang gemacht hatten, beurteilte Fraktionskollege Erich* die Lage: "Nach anfänglichem Reformschwung gibt unsere Partei den grundlegenden Veränderungsanspruch auf und beschäftigt sich damit, das Bestehende zu verwalten. Und diese beschämende Rückkehr der alten Tante SPD zum konservativ-administrativen Apparat hin ist verbunden mit einem scharfen innerparteilichen Kampf gegen linke, sozialistische Tendenzen, weil die als 'mehrheitsgefährdend' gelten."
Ich war nicht bereit, das zu akzeptieren.

*Erich Meineke, in: Hoffen, Zweifeln, Abstimmen. Seit 1969 im Bundestag. 14 Abgeordnete berichten, hg. von Hugo Brandt, Reinbek 1980.

# 4. Demokratieverständnis

Der Bundestag hat sich durch die paar Jahrzehnte seines Bestehens unerschütterlich die Überzeugung bewahrt, von einziger, von herausragender Bedeutung zu sein. Für diesen Staat, also für die Bevölkerung. So war er auch gewiß konzipiert: als Gesetzgeber. Kann es eine höhere Funktion geben, als Gesetze für das Volk zu machen? Andere sollten dann das dabei hin und her Erwogene, das gewissenhaft Beratene, das öffentlich Diskutierte und endlich als Gesetz Verabschiedete ausführen. "Wir fühlten uns wirklich unabhängig", erzählt ein früherer Kollege über die ersten Jahre im bundesdeutschen Parlament. "Als vom Volk gewählter Souverän, ausschließlich unserem Gewissen verantwortlich. Und wir sahen tief hinunter auf die Minister oder gar den Bundeskanzler. Die waren ja nur ausführende Organe." Ich, neu eintretend in das Hohe Haus, war durchaus von seiner Bedeutung erfüllt. Der 'Sitz der Demokratie', wo die freigewählten Volksvertreter allein nach ihrem Gewissen handeln! (So kann man das noch heute in einer Öffentlichkeitsbroschüre des Bundestags lesen.) Als eines der unbedeutendsten Glieder ließ ich damals auf mich wirken, was sich in Erhabenheit vor mir entfaltete: das feierliche Sich-Versammeln zur ersten Plenarsitzung, die Eröffnung der neuen Legislaturperiode nach eingeübtem Ritual - das schweigende Sich-Erheben, wenn der Präsident im Bratenrock hereinschritt! (Ungebührlicher Nebengedanke: Wer hatte den eigentlich gewählt? Wir nicht,

- so viel wußte ich.) Das alles war erhebend. Und die Vereidigung des Kanzlers und der Minister - so wahr ihnen Gott helfe, wollten sie ihr Amt redlich führen zum Nutzen des Volkes und Schaden von ihm wenden. Das klang so selbstverständlich, so überzeugend! (Wer hatte denn die Minister, die ja größtenteils Fraktionskollegen waren, für ihr Amt bestimmt? - Wir nicht.) Wie würdig war doch die Zeremonie! Willig fügte ich mich auch in das wohlgegliederte Wesen der Fraktion: älteres Recht schien selbstverständlich höhere Weihen zu verleihen. Und nun wollte unser neuer Kanzler 'mehr Demokratie' wagen. Noch mehr! (Draußen im Lande war allerdings schon nicht mehr viel Demokratie zu finden.) Jetzt würde der Staat aber aufblühen. Welches Glück, dabei mitwirken zu dürfen! Aber wie verlor ich - und nicht ich allein - Schritt für Schritt den hehren Glauben an die unverrückbare Hoheit des Volkssouveräns. Wie wurden wir degradiert zu Stimmgebern von Entscheidungen, die wir lediglich - das aber auf jeden Fall wegen des Machterhalts - 'mittragen' durften. Wenig galt, was die vom Volk Gewählten erwogen, berieten und zur Entscheidung vorlegten. Denn die Entscheidung hatten sich längst die Ausführenden vorbehalten. Aber das Hohe Haus, getreten und verachtet von den Ausführenden, den neuen Königen, die Demokratie nur der Form nach gelten ließen, fühlte sich unerschüttert getragen von seiner hohen Bedeutung. Obgleich die inzwischen in eine Art Lakaienstand gesunkenen Abgeordneten ihre Regie-rung nicht einmal kontrollieren konnten, weil die Regierenden das sogar in der öffentlichen Fragestunde als Anmaßung empfanden.

"Was fällt dir ein, solche Fragen zu stellen!", werde ich vom Kollegen Günther angefahren. "Unsere eigene Regierung öffentlich bloßzustellen!" Ich stehe auf einmal inmitten entrüsteter Fraktionsfreunde. "Du solltest dich schämen." Ich sehe verblüfft in empörte Gesichter. "Ich meine", verteidige ich mich, "wir sollten doch die Regierung kontrollieren?" "Aber doch nicht die eigene!" "Schönes Demokratieverständnis", höhnt einer.

Vielleicht sollte ich in meiner Kritik am Hohen Haus nicht soweit gehen, - auch wenn mir das untertänige 'Herr Bundeskanzler!', 'Herr Minister!', wie es oft von Kollegen ausgesprochen wurde, noch mißtönend in den Ohren klingt. Nein: immerhin werden die Abgeordneten bedient von Angestellten, die gewandt und wohl eingeübt dem Hause wirkliches Ansehen geben, - sie dienen im Frack! Der Präsident dagegen trägt längst keinen Bratenrock mehr und die Abgeordneten keine unauffällige dunkle Kleidung. Wer weiß, - vielleicht sehe ich den Rang der verschiedenen Stände des Hohen Hauses nur auf den Kopf gestellt?

# 5. Interview

I. Interview des Saarländischen Rundfunks mit dem Abgeordneten Klaus K*.:
"Man muß sich die Menschen nach ihrer Art verbindlich machen, nicht nach der unsrigen." Georg Christoph Lichtenberg "Ein kluges Wort, das Sie da an die Wand geheftet haben. Aber hat das etwas zu tun mit Ihrer Arbeit hier in Bonn?" "Naja, - es drückt sozusagen meinen Lernprozeß hier aus." "Können Sie das bitte erklären?" "Sehen Sie, ich kam aus der offenen vertrauensvollen Welt einer Landtagsfraktion hierher und sah meinen Arbeitseifer gebremst durch feste Fronten von Kollegen, die schon länger im Bundestag waren, gebremst durch ihr deutliches Mißtrauen gegenüber Neuen. Ich hatte mir keine Gedanken gemacht über ein möglicherweise besonderes Klima und die Art des Umgangs miteinander." "Ist das denn alles so anders, so besonders hier?" "Ich empfand zum Beispiel den Abstand zu Fraktionskollegen, die eine Funktion innehaben, als bedrückend. Inzwischen kenne ich sie besser und nehme das nicht mehr so tragisch." "Geht das nur Ihnen so?" "Nein, sicher nicht. Schwierigkeiten mit Fraktionskollegen, die über Macht und Einfluß verfügen, haben auch andere."

*Klaus Konrad, in: *Hoffen, Zweifeln, Abstimmen. Seit 1969 im Bundestag. 14 Abgeordnete berichten*, hg. von Hugo Brandt, Reinbek 1980.

"Wie schafft man es, diese Schwierigkeiten zu überwinden?" "Da muß man eben Lichtenberg beherzigen."

II. Ich werde von einer jungen Soziologin, die über Parlamentarismus arbeitet, um ein Interview gebeten. "Sind Sie als Frau in Ihrer Fraktion geachtet?" "Oh ja, allmählich schon. In meine besonderen Arbeitsgebiete redet mir niemand drein." "Sind die so besonders?" "Außenpolitische heiße Eisen - Araber-Palästinenser, Afrika-Südafrika ..." "Also, da haben Sie etwas zu sagen?" "Ich hätte, wenn man mich ließe." "Wie ist das zu verstehen?" "Große Fraktionen haben ihre festgefügte Hierarchie, die Redner bestimmen sich nach der Rangordnung." "Und Sie wollen sagen, Sie haben einen ..." "Einen niedrigen Rang. Ich bin Hinterbänklerin, wie viele andere auch." "Und alle die hätten also demnach kaum Chancen ..., ich meine, die hätten im Parlament nichts zu melden?" Die Interviewerin ist verunsichert. Ich lächle. "Gehören Sie denn einem Entscheidungsgremium an?" "Nein."

# 6. 'Onkel'

Fraktionssitzung. Im Vorraum holt jeder die ihm zugeteilten Unterlagen aus dem persönlichen Fach. Heute ist das nicht einfach, denn Kameraleute mit ihren sperrigen Geräten drängen in ungewöhnlicher Zahl zur Saaltür, Kabel liegen herum wie Stolperdrähte, Journalisten versuchen schon hier, Interviews zu ergattern. In Gegenbewegung versuchen andere, sich zu den Telefonzellen durchzuboxen. Die Opposition will Kanzler Brandt kippen, - wird es ein Mißtrauensvotum geben oder nicht? Unruhe im Saal, grelle Lichtkegel, surrende Kameras. Dann werden sie alle hinauskomplimentiert und 'Onkel', unser Fraktionschef Herbert Wehner, gebietet Ruhe. Und redet. Es fällt schwer, dem, was er sagt, zu folgen: Warnung, Mahnung, Schelte? In sybellinischen Schachtelsätzen, deren Ende jeder ängstlich herbeiwünscht, folgen immer neue Wortkaskaden. Es geht jetzt doch wohl um den Termin der nächsten außerordentlichen Sitzung? "Hast du verstanden, wann ...?" "Nein. Du?" "Was meint er?" "Ich weiß nicht ..." Geflüster an den langen Tischen.

Kollege Jürgen steht mutig auf und bittet, sichtlich verwirrt, um genaue Terminangabe. Scharf wie Rasierklingen bekommt er, einer der Friedfertigsten, neue Satzungeheuer an den Kopf geworfen, die ihm Unbotmäßigkeit zu unterstellen scheinen und doch nicht die gewünschte Klarheit bringen. Raunen und Flüstern an allen Tischen. Ohne zu überlegen bitte ich ums Wort. Vorne am Mikrophon sage ich: "Diese Art

des Umgangs miteinander ist unerträglich." Da ist es auf einmal still im Saal, so still, daß man eine Nadel hätte fallen hören. Ich habe das schreckliche Gefühl, ganz allein auf einem immer höher werdenden Turm zu stehen. "Es darf einfach nicht sein, daß eine berechtigte Frage nur Unmut auslöst." Mir ist elend zumute, als ich an meinen Platz zurückgehe. Keiner sieht mich an. Ich habe den Vorsitzenden Herbert Wehner gerügt!
'Onkel' nimmt mit grimmigem Gesicht die Tagesordnung wieder auf. Als die Sitzung zuende ist, halte ich es nicht mehr aus und gehe zu ihm. "Ich wollte dich nicht kränken." "Es ist schon recht, daß du es gesagt hast", antwortet er. "Nur, daß du es hier gesagt hast...! Du wirst es morgen zum Vergnügen der anderen in den Gazetten lesen können." "Aber", wende ich zaghaft ein, "wo, wenn nicht hier?" "Das ist die Frage." Er zieht den Mund schief. "Es gibt immer zeitungsgeile Leute, die das Wasser nicht halten können." Am anderen Tag liest man von Aufmüpfigkeit und Auflehnung gegen die Fraktionsführung. Ausgerechnet in dieser spannungsgeladenen Situation! 'Onkel' hatte recht.

# 7. Sicherheitsmaßnahmen

In der Folge der Terroranschläge der 'Roten Armee Fraktion' wurden die Bundestagsgebäude streng bewacht; an jedem Eingang standen blutjunge Kerlchen vom Bundesgrenzschutz mit Maschinenpistolen, die Finger am Abzug. Was, wenn sie nun einen der Abgeordneten, der die Stufen hinaufstürmte, weil er wie gewöhnlich in Eile war, - wenn sie einen von denen einfach niederknallten? Sie kannten uns ja nicht. Jeder Besucher mußte an der Pforte seinen Ausweis hinterlegen und wurde oben telefonisch angemeldet. Ein Herr Ziegler wollte mich besuchen. Dringend. Er komme in Angelegenheiten der Euro-Arabischen Parlamentarischen Kooperation. Das konnte nicht wahr sein, denn mit dieser Gruppe hatten nur Parlamentarier zu tun, nicht aber irgendwelche unbekannten Herren. Ich sagte dem Pförtner, ich würde nach unten in die Halle kommen. oben wolle ich den Herrn Ziegler nicht haben. Aber schon als ich meine Tür öffnete, hörte ich draußen einen energischen Wortwechsel. Dem entnahm ich, daß unser guter, zuverlässiger Etagensekretär jemanden daran hindern wollte, in mein Büro zu gehen. Da war also offensichtlich dieser Herr, während der Pförtner mit mir telefonierte, in der belebten Halle an ihm vorbei nach oben vorgedrungen. Jetzt war ich neugierig geworden. Ich ging zum Tresen, von dem aus der Etagensekretär zugleich diente und herrschte, stets aufmerksam auf alles, was auf dem Flur geschah und immer zu kleinen Diensten bereit, ein Mann, der treulich und unermüdlich für uns da war. Und da stritt er nun mit einer wenig ansprechend wirkenden Person. Ich fragte den Eindringling, was er wolle. - Eine Entschließung oder etwas Ähnliches solle ich unterzeichnen. - Was denn für eine und von wem? - Von der EAP (jener obskuren 'Europäischen Arbeiterpartei', die auf Stimmenfang aus war). Welche Dreistigkeit von diesem Menschen! Ich sollte meinen Namen dafür hergeben, damit andere ihm eher auf den Leim kröchen. Ich fuhr ihn an: er solle machen, daß er das Haus verließe!

Und damit er nicht, da er sich nun einmal hereingeschmuggelt hatte, andere Kollegen belästigen konnte, brachte der Etagensekretär ihn hinunter zur Pforte. Unsere martialischen Sicherheitsmaßnahmen, die keine 'Sicherheit' gewährten: dieser Herr Ziegler hätte ja ganz anderes vorhaben können... Aber was heißt das schon: Sicherheit...?

Die Terroristen hatten es geschafft: die gewählte Elite in Politik und Justiz war verunsichert. Wir bekamen ein Merkblatt 'zur Erhöhung des Eigenschutzes vor Attentaten und Entführungen'. Fast 40 Verhaltensregeln sollten uns in die Lage versetzen, dem unbekannten Unheil entgegenzutreten. Da hieß es unter anderem: "Achten Sie darauf, ob Ihr Fahrzeug von einem anderen verfolgt wird. Stellen Sie Ihr Fahrzeug nur in geschlossener Garage ab. Falls Sie an einem unbewachten Ort parken, überzeugen Sie sich vor dem Start, daß im Motorraum und unter dem Boden keine Manipulationen vorgenommen worden sind." Ich bin technisch wenig begabt, - Manipulationen bemerken würde ich nicht. Die Überprüfung des Bodens macht es nötig, sich flach auf die Straße zu legen, - aber das einzige, was dabei herauskäme, wäre, daß ich schmutzig würde. "Meiden Sie einsame Orte. Halten Sie einen Hund." (Ein Hund ist für Abgeordnete auf ihren viele Reisen besonders praktisch!) "Achten Sie darauf, ob in der Nähe Ihres Hauses jemand im Auto sitzt und prüfen Sie seine Identität." (Und wenn der Prüfende dabei entführt wird?) Und so weiter und so weiter ... Gutgemeinte Ratschläge, mit denen die Sorgfaltspflicht erfüllt wurde, die einen aber auch ganz schön verrückt machen konnten: "Bei anbrechender Dunkelheit Fenster und Türen fest verschließen ... Vorhänge zu, Licht an, ... Schlösser auswechseln, nie denselben Weg von der Wohnung fort oder zu ihr zurück nehmen ..." Und wenn man in einer Sackgasse wohnt??

## 8. Fraktionszwang?

Am Telefon: "Was sagst du, Dieter, du bist nicht mehr sicher, ob du überhaupt reden sollst? Aber du bist doch der Einzige, der als Schriftsteller aus eigener Erfahrung und im Namen aller Künstler sprechen kann! Wenn du nicht sprichst, hängt doch unsere Ablehnung der Novellierung des Paragraphen 88a in der Luft. ... Die Stimmung sei gegen deine Rede? Die Stimmung! Du hast die Rede aber doch schon angemeldet! ... Natürlich weiß ich, daß es Überläufer gegeben hat. Nur: daß Niedersachsen an die CDU gefallen ist, hat doch nichts zu tun mit der idiotischen Verschärfung dieses 88a. ... 'Aufruf zur Gewalt', - was heißt das denn? Es ist doch schon in der Debatte deutlich genug geworden, was darunter alles verstanden werden kann und soll. Das ist wie 1848, als man die Professoren und Dichter, die ein freies Wort gewagt hatten, eingesperrt oder aus dem Land gejagt hat. ... Du meinst, du könntest dich gegen die ausgebrochene Hysterie nicht durchsetzen? Haben sie wirklich gesagt: nur noch alle Stimmen für den Kanzler? Welch ein Unsinn! Ein paar Gegenstimmen schaden Schmidt doch überhaupt nicht. Ganz im Gegenteil: die würden ihn und uns alle nur glaubwürdiger machen..." Dieter hat nicht gegen die Novellierung stimmen können, er nicht und niemand. Zwar hat er seine Rede gehalten, hat ihr aber zuletzt einen Schlenker eingebaut, mit dem er eigentlich wieder alles zurücknahm, was er vernünftig und richtig eingewendet hatte. Denn die Parole hieß - und nicht zum ersten und einzigen Mal:

'Augen zu und durch'.

Ach Willy Brandt! Wie wenige Male haben wir eigentlich, zumindest hier in Bonn, 'mehr Demokratie gewagt'?

Auch nicht, als es um den Schnellen Brüter ging, obwohl doch schon damals bekannt war, daß ein solches Projekt Gefahr für Mensch und Umwelt bedeuten kann, daß sein Nutzen zweifelhaft war und daß es wie ein Moloch immer mehr Geld fressen würde. Aber die Regierung hielt am Schnellen Brüter fest, - und für Abgeordnete galt es zu lernen, daß die große Industrie ihrem unmaßgeblichen Gewissen weit überlegen war. Wir wurden gezwungen zuzustimmen. Der Vorsitzende der Liberalen hatte sich sogar jeden Widerspenstigen in seiner Fraktion einzeln vorgenommen! Als ich nach der Abstimmung sah, wie ein junger Kollege dort den Kopf auf den Tisch legte und weinte, schüttelten mich Scham und Ingrimm erst recht. Ich mochte keinem mehr ins Gesicht sehen und schlich mich in mein Büro. Dabei hatte ich doch immer, der ausgegebenen Parole gläubig folgend, behauptet, Fraktionszwang dürfe es nicht geben, - ja, es gäbe ihn nicht! - eine Fraktion müsse sich, um eine gemeinsame Linie zu verfolgen, zusammenraufen...

Den Paragraphen 88a übrigens, der schon, seinem Wortlaut gemäß, auch einen Heinrich Böll zum Gewalttäter stempelte, haben wir ein paar Jahre später wieder aufheben dürfen. Ein wenig Zuckerbrot für den 'Souverän' ...

# 9. Macht

Muß es wirklich sein, daß wir alle, wenn es um den Erhalt von Macht geht, unsere Überzeugung - ein Stück sozialdemokratischer Überzeugung! - verraten? Ich will das nicht mitmachen. Mit klopfendem Herzen gehe ich in die Fraktionssitzung, in der eine, nach meinem Gefühl, fatale Sache zur Abstimmung steht. Immerhin habe ich Bundesgenossen: von mindestens einem Dutzend Kollegen weiß ich, daß sie denken wie ich. Ich habe damit gerechnet, daß starke Spannung in der Luft liegt, aber ich merke nichts davon. Alles ist wie immer: freundliche Grüße werden ausgetauscht, Kaffeetassen gefüllt, Pfeifen gestopft, Papiere ausgebreitet. Man plaudert. Ich starre auf die bewußte Abstimmungsvorlage, ich warte. Es dauert, bis dieser Tagesordnungspunkt an der Reihe ist und aufgerufen wird. Plötzlich eintretende ungewöhnliche Stille, in der merkwürdig deutlich Papierknistern zu hören ist. Also doch Spannung! Der Fraktionsvorsitzende holt in seiner erstaunlichen Redekunst weit aus, so weit, daß der Tatbestand des 'Verrats' an sozialdemokratischen Überzeugungen bereits ins Lächerliche zu schrumpfen beginnt. Leichte Unruhe im Saal. Nun gibt er dem Kanzler das Wort. Helmut Schmidt spricht knapp und ohne Verbrämung. Daß wir uns von schönen Idealen freimachen müßten, sagt er, weil damit heute die Welt nicht mehr zu regieren sei. Daß die Gegenwart Entschlüsse anderer Art fordere. Der Reihe nach melden sich verschiedene Kollegen zu Wort: was du von uns verlangst, sagen sie, ist nicht sozialistisch. Es hat auch nichts mehr mit Demokratie zu tun, denn du einigst dich mit dem Koalitionspartner und fällst eine Entscheidung und wir dürfen nur noch 'Ja' dazu sagen. Du verkaufst uns einfach an die FDP. Sie sagen auch: in der Sache könne man es ganz anders machen, es sei durchaus nicht nötig, diesen unverschämten Forderungen nachzugeben. Während Helmut Schmidt sich das anhört, blättert er mit unbewegtem Gesicht in seinen Papieren. Er schaut kein einziges Mal auf, läßt alles über sich ergehen. Als der letzte Redner sich wieder hingesetzt hat, richtet er die Augen starr auf die Fraktionsversammlung und sagt: "Ihr könnt ja viel quatschen. Aber ich muß schließlich regieren." Pause. Dann: "Ihr braucht das nicht mitzumachen. Aber dann sucht euch auch einen anderen Kanzler." Pause. "Jetzt bleibt uns noch die Pflicht, die Sache abzustimmen", sagt der Fraktionsvorsitzende. Verstohlen suche ich Blickkontakt mit dem einen oder anderen Kollegen. Kann man denn wirklich so einfach - - ? oder hat Herbert Wehner mit seiner viel größeren Erfahrung vielleicht doch recht, - es geht ja offenbar wirklich um den Staat - und natürlich: um das Gemeinwohl... Pflicht und Notwendigkeit. Wir stimmen ab. Ich hebe die Hand. Zusammen mit all den anderen, die auch eigentlich ... Es hat keinen Sinn, gegen den Strom schwimmen zu wollen. Wer will schon den Kanzler aufs Spiel setzen? Ich beschließe also mit, - auf demokratische Art und Weise. Und für diesmal bleibt die angeblich gefährdete Macht erhalten. Was anders, als daß ich meine Pflicht tue, kann von mir erwartet werden? – Nur: zu Hause und in den Versammlungen bin ich Rechenschaft schuldig. Dort muß ich erklären, was mir selbst kaum einleuchtet, denn offenbar hat Machterhalt immer Vorrang. Selbst wenn dazu Grundsätze preisgegeben werden müssen. Wofür wir nun eigentlich einstehen, ist zweitrangig geworden.

Sehr niedergeschlagen und verwirrt gehe ich an meinen Schreibtisch zurück. Auf keine Arbeit kann ich mich konzentrieren. Ich habe immer noch nicht gelernt, was der Mehrheit anscheinend kein Kopfzerbrechen bereitet: Macht um der Macht willen zu wollen.

# 10. Abstimmung

I. Es klingelt überall, in allen Bundestagsgebäuden, in allen Räumen, selbstverständlich auch in allen Toiletten. Das heißt Abstimmung im Plenum. In den Arbeitszimmern ertönt durch die Sprechanlage der Ruf aus dem Fraktionsgeschäftszimmer: "Genossen und Genossinnen! Kommt bitte zur Abstimmung!" Türen springen auf, in jedem Stockwerk des Langen Eugen eilen die Abgeordneten zu den Aufzügen, die im Nu übervoll sind. Nur jetzt nicht steckenbleiben! Kaum hab ich's gedacht, aufs engste eingequetscht zwischen den Kollegen, da stockt die Fahrt nach unten. Die Türe läßt sich nicht öffnen. Was nun? "Rückt mal ein bißchen zusammen, damit ich meinen Arm heben kann", sagt Kollege Gerhard R. Es gelingt ihm, den Alarmknopf zu drücken. Wir warten. "Vor allem jetzt nicht reden oder lachen! Das verbraucht den knappen Sauerstoff", spricht Kollege Karl. H. mit hohler Stimme. "Wir wissen ja nicht, wie lange wir hier aushalten müssen." Ein gräßlicher Gedanke, - mir wird's jetzt erst recht ungemütlich. Der vernünftige Gerhard R. hat inzwischen durch die Notsprechanlage Kontakt mit den Pfortenbediensteten unten aufgenommen. Er bittet darum, im Plenarsaal Bescheid zu sagen, daß wir hier festsitzen. Eine Gegenstimme versichert, die Techniker seien in wenigen Minuten da. Tatsächlich, bald hören wir sie rumoren. Es wird auch Zeit, denn wir stehen einander buchstäblich auf den Füßen. Mein linker Fuß hält das nicht mehr lange aus. Und der gute Schuh wird bös aussehen... Endlich gelingt es den Technikern, die Tür aufzuklemmen Luft! War der Sauerstoff hier drin wirklich schon verbraucht? "Tut uns leid", wird uns erklärt, "bewegen können wir den Aufzug nicht. Sie sind hier auf halber Höhe über der sechsten Etage. Springen Sie bitte der Reihe nach ab! Und ziehen Sie den Kopf ein." Geschafft! Und nun im Galopp nach unten und weiter. Keuchend platzen wir in den Plenarsaal. zu spät! Die Abstimmung ist vorbei. Anders wäre das bei Namentlicher Abstimmung gewesen: da wird sehr lange Zeit gegeben, damit möglichst alle Abgeordneten rechtzeitig im Saal sein können, wo immer sie auch gerade beschäftigt waren. Und: in diesem Fall klingelt es nicht, es hupt! Das ist, in allen Räumen und Gängen hallend, ein schreckliches Geräusch. Die Autofahrer im Viertel kennen es: wenn plötzlich hordenweise Männer und Frauen in gestrecktem Lauf die Straße queren, heißt es stillhalten.

Als es einmal spätabends hupte, hatte eigentlich niemand mehr mit der Abstimmung gerechnet. Viele, die endlich ins Restaurant zum Abendessen gegangen waren, ließen alles stehen und machten sich auf den Weg. Diejenigen, die bereits im Saal angekommen waren, hatten, als sie die einzelnen Läufer hereinjagen sahen, den größten Spaß. "Bin ich zu spät?" "Kann ich noch ...?" japsten sie, griffen ihre Karten und rannten zur Urne. Jetzt waren wohl alle da. Eben gab der Präsident das Zeichen, die Hupe abzustellen, da rannte im wehenden Mantel, darunter nichts als den Schlafanzug, noch einer herein. Er bekam Applaus vom ganzen Haus.

II. Namentliche Abstimmung - und wir brauchten die 'Kanzlermehrheit'. Das bedeutete: alle mußten da sein, auch die Kranken. Während im Plenarsaal noch leidenschaftliche Reden gehalten wurden, ging ich schnell ins Arztzimmer, um mir ein Pflaster für einen Schnitt am Finger zu holen. Bis zu diesem Moment hatte ich niemals einen Gedanken daran verschwendet, was das heißt: 'auch die Kranken müssen da sein'. Ich hatte noch nicht erlebt, wie sie dann hineingeschoben werden... Jetzt stand ich mitten unter ihnen: da lagen und saßen sie, einige in wirklich jammervollem Zustand, einer sogar unterm Sauerstoffzelt, jeder von seinem Arzt oder einer Schwester ängstlich bewacht und versorgt. Ihre Stimme wurde gebraucht, - noch durfte keiner sterben! Im Saal stritten die Hauptredner vor den Kameras weiter, - wie konnten ihnen dabei die kranken Kollegen im Hinterzimmer in den Sinn kommen? Denen aber dehnten sich derweil die Minuten zu Stunden, bis sie dann endlich, ein makabrer Zug, hereingebracht wurden. Vorn hob schon der eine oder andere Geschäftsführer die Abstimmkarte hoch, damit gewiß jeder sehen konnte, nach welchem Modus gestimmt werden sollte: blau gleich 'ja', rot gleich 'nein', weiß gleich 'Enthaltung'. Alle waren schon aufgestanden, während sie ihre Karten aus den Tischkästen nahmen und drängten nach vorn zu den Urnen. Nun merkten einige, daß Platz gemacht werden mußte für Rollstühle und Tragen. Der Nebensitzer nahm die Karte des Kranken aus dessen Tisch und drückte sie ihm in die Hand. Er half der schwachen Hand an den Schlitz des Stimmkastens, - denn wenn der Kranke seine Karte nicht selbst hineinsteckte, wäre sie ungültig, dann wäre die eigentlich unzumutbare Anstrengung des Transports und des mühsam erduldeten Wartens umsonst gewesen. Sie hatten ihre Pflicht erfüllt - vielleicht zum letzten Mal. Schon während sie den Saal wieder verließen, waren sie vergessen. Die Kollegen fieberten dem Abstimmungsergebnis entgegen. Ihre Namen aber werden noch einmal im Saal genannt werden: dann, wenn weiße Nelken auf ihrem Platz liegen. "Ach, der Heinz", wird dann etwa dieser oder jener sagen. "War der nicht neulich noch da zur Abstimmung?"

Im Lauf der Jahre wurde dann doch eine menschlichere Lösung gefunden: man zählt jetzt die Kranken gegeneinander auf. Fehlt einer vom rechten Flügel des Hauses, darf auch links einer wegbleiben, oder umgekehrt. Das Verhältnis der Stimmen zueinander bleibt gewahrt. Und das ist es ja schließlich, worauf es ankommt.

# 11. Versammlungen

Obgleich ohne Wahlkreis, mußte ich doch oft über Land, manchmal in die kleinsten und entlegensten Ortschaften. Dann galt es, in der 'Moorkate' oder der 'Heideschenke' ein Referat zu halten. ob ich denn keine Angst hätte, allein so weit zu fahren im Dunkeln, fragten mich freundliche Genossinnen ab und zu, wenn Schnee gefallen war oder Glatteis drohte. Selbstverständlich waren mir die langen Strecken auf einsamen Nebenstraßen nicht sehr angenehm - was hätte ich denn tun können, wenn da mal mitten im Wald der Motor gestreikt hätte? Aber solche irrwitzigen Unternehmungen gehörten nun mal zur 'Pflicht'. Ich wäre gar nicht auf den Gedanken gekommen zu sagen: ich kann das nicht. Ich erlaubte mir ja nicht einmal die Frage, ob solche Aktionen meiner ehrwürdigen, törichten Partei überhaupt nützlich seien. Denn wenn ich diese Schenke - etwa in Ovelkamp nach mühseliger Herumfahrerei und Suche gefunden hatte, wenn ich gefaßt unter den verwunderten und abschätzigen Blicken der Biertrinker durch die verräucherte Gaststube ins Hinterzimmer vordrang, fand ich dort die ortsansässigen Genossen vor: vielleicht acht Leute. Bei trübem Licht unter verstaubten Girlanden des letzten Karnevals sitzend, blickten sie mir mit Gleichmut entgegen. Ich nahm mich zusammen. Immerhin ging es darum, die Standfestigkeit dieser acht zu stärken. Ich ließ mein Konzept beiseite und versuchte, so herzlich persönlich wie möglich, ein paar politische Fakten zu erläutern. Die acht saßen unbeweglich. Nur hinten murmelte und kicherte einer immer lauter und störender. Und als der Kellner mir ein Bier brachte - das ich nicht bestellt hatte, denn ich mag nicht gerne Bier, und schon gar nicht an einem kalten Abend in einem aufs Gemüt drückenden Raum! - als er also das Bier vor mich hinstellte, bat ich ihn, den Störer doch in die Gaststube mitzunehmen. Er zog aber nur bedauernd die Schultern hoch und verschwand. Endlich, um dem Spuk ein Ende zu machen, blieb mir nichts anders übrig, als den Mann eigenhändig freundlich, aber bestimmt aus dem Saal zu führen. Auch das wurde von den Versammelten mit Gleichmut hingenommen. Er sei, wie man mir nachher erklärte, der 'Dorfdepp', man war an ihn gewöhnt...

Ich redete weiter. Keine Miene bewegte sich, keine Hand. Da endlich entdeckte ich, daß wenigstens einer nickte! Immer wieder. Richtig dankbar war ich dafür. Weil der aber auch nicktet wenn ich gerade nichts gesagt, sondern einen Schluck Bier getrunken hatte, denn der Mund war mir trocken geworden, wurde ich mißtrauisch und sah genauer hin: kein Zweifel, der arme Mann litt an der Parkinson'schen Krankheit. Ich wurde freundlich verabschiedet. Ich setzte mich ins Auto und verfluchte diese mühevolle nächtliche Unternehmung. Beinah hundert Kilometer hin und zurück - für nichts! Tatsächlich für nichts? Ja, das weiß man eben nie! Kam es vor, daß eine kleine Zuhörerschar nachher lebhaft diskutierte, erschien mir meine Anstrengung in positiverem Licht und ich fand sie entschieden gerechtfertigt. Aber auch da läßt sich der mögliche politische Nutzen nicht abschätzen. Was wäre der denn auch genau? Es galt, es gilt immer,

guten Mut zu bewahren und Mut zu machen.
Einmal, kurz vor Weihnachten, bekam ich eine Einladung, vor einer Frauenversammlung zu sprechen. "Was soll ich euch denn erzählen?", fragte ich die Vorsitzende am Telefon. "Einfach so, zu Weihnachten", sagte sie. "Du machst das schon: ein bißchen Weihnachten, ein bißchen Politik." Als ich losfuhr, leider recht weit über eine vielbefahrene Bundesstraße, war sonniger Nachmittag. Hier nun fand ich einen dichtbesetzten großen Saal vor. obwohl die Kellnerin erklärte, man habe schon vor einer Stunde (!) die Gasheizung aufgedreht, herrschte eisige Kälte. Blieb nur zu hoffen, daß die vielen, meist älteren Frauen alle zusammen ein wenig Wärme erzeugen würden.
Auf allen Tischen lagen Tannenzweige, brannten Kerzen, standen Teller mit Gebäck. Ich wurde herzlich begrüßt. Ein paar kleine Mädchen mit Flöten saßen neben mir auf dem Podium. Sie leiteten die Feier mit einem Weihnachtslied ein. Es war also eine Feier! Und wie ich nun in all die erwartungsvollen alten Gesichter sah, wußte ich: für viele ist dies heute die Weihnachtsfeier. Sie haben niemanden mehr zu Hause, sie haben nichts mehr zu erwarten. Ich weiß nicht mehr, was ich ihnen gesagt habe - aber es muß eine Art Predigt gewesen sein. Es schnürte mir wahrhaft das Herz zusammen, als ich verstohlene Tränen fließen sah: was hatte ich da gemacht! Ich redete von Freude und Hoffnung und guten Erinnerungen - und die Gesichter hellten sich auf. Frohgemut sangen wir miteinander "Leise rieselt der Schnee...", diese gräßliche Schnulze, und fast hätte ich selber noch geheult. Auch, weil ich inzwischen immer kältere

Füße bekam. Und die Kälte war mir auch. allmählich die Beine aufwärts gestiegen. Ein sehr unangenehmes Gefühl! Die mittlerweile nämlich tatsächlich erzeugte Wärme befand sich nur in der oberen Luftschicht des Saales: nicht nur ich schien einen immer heißeren Kopf zu bekommen. Endlich faßte ich mich, um die 'Politik' nicht ganz zu kurz kommen zu lassen. Die kleinen Mädchen flöteten noch einmal, wir sangen noch einmal und auch der Kaffee war längst kalt. Aber die Kerzen vor uns ließen die Gesichter noch mehr glühen. Warm war dann auch der Abschied. Ich hatte offenbar die in mich gesetzten Erwartungen erfüllt. Auf meinen eiskalten Beinen stakste ich nach draußen. Böse Überraschung: dichtester Nebel. Aber ich mußte zurück, mußte die Fahrt wagen. Gänzlich verkrampft saß ich hinter dem Steuer und strengte meine Augen an so sehr ich nur konnte. Manchmal wußte ich gar nicht, ob ich überhaupt noch auf der Straße war. Verzweifelt hätte ich am liebsten angehalten. Ich konnte einfach nicht mehr. Aber ich hatte Angst, angefahren zu werden. Also weiter, langsam, langsam, steif vor Anstrengung und Angespanntsein. Und ich bin tatsächlich endlich zu Hause angekommen. Beim heißen Tee dann beschäftigte mich die Frage, ob wohl der Prozentsatz der SPD-Stimmen in jenem Ort bei der nächsten Gemeinderatswahl ansteigen würde...?

## 12. Beim Fernsehen

Ich wurde zu einer Live-Diskussion über Wirtschaft und Preise eingeladen. Nicht mein Thema. Ich sagte ab. Aber der Redakteur ließ nicht locker. Unbeeindruckt von all meinen Einwänden blieb er dabei: ich müsse kommen. Noch heute argwöhne ich, daß mein damaliger Mitarbeiter, Reinhard, mich ihm angepriesen hatte, denn sein Ehrgeiz war, mich zu 'machen'. Im Studio zwei Tische. In meiner Runde waren mir alle fremd, einzig der unverkennbare Herr Heeremann, oberster der Landwirtschaftslobby, fiel mir auf. Am anderen Tisch nahmen Bankleute Platz und unter ihnen entdeckte ich einen Vetter meines Mannes. Ich begrüßte ihn erfreut. Er reagierte äußerst zurückhaltend, ja befremdet: es genierte ihn deutlich, eine Frau wie mich - eine von den Sozis! - als Cousine vor sich zu sehen. Betreten gesellte ich mich wieder zu 'meiner' Runde. Und da saß ich nun, schön zurechtgemacht, wie es für Auftritte im Fernsehen üblich ist, und fühlte mich ungemütlich. Des Themas wegen ... und dann dieser Verwandte! Wohl hatte ich mich vorbereitet und auch allerlei Papier mitgebracht, das ich nun sicherheitshalber vor mich hinlegte. Schon wurden die Scheinwerfer aufgeblendet und die Kameras begannen zu surren, das Gespräch wurde eingeleitet. Nach ein paar Minuten fühlte ich mich sicherer. Und als dann Herr Heeremann etwas absolut Verbraucherunfreundliches äußerte, fuhr ich ihm kräftig in die Parade. Das Weitere lief glimpflich ab. Ein Glanzauftritt meinerseits war es sicher nicht, aber ganz schlecht war's auch nicht, das wurde mir aus den Reaktionen der anderen Gesprächsteilnehmer deutlich. Die Bankerrunde mußte ich nicht mehr anhören, unser Tisch war ausgeblendet und die 'Maske' wartete zum Abschminken.

## 13. Filmriß

"Ich lade Sie ein, bei einem Film in unserem WDR-Studio mitzumachen", sagt der Anrufer, der sich als der Mitarbeiter des Regisseurs Spinrad vorgestellt hat, "Wie bitte, bei einem Film?" "Ja. Sie sollten nur etwas sprechen. Nur kurz, wissen Sie." "Und um was geht es in dem Film? Ist es ein Spielfilm?" "Ja. Es wird verschiedene Spielszenen geben, zum Beispiel mit Senta Berger. Aber das Ganze wird Ihnen Herr Spinrad selbst erklären. Hauptsache, Sie kommen!" Mehr ist nicht aus ihm herauszubringen. Aber mit noch wenig Erfahrung im Showgeschäft bin ich neugierig und sage zu. Ich will doch sehen, wie sie das machen, diese Profis. An Ort und Stelle stolpere ich erst einmal über Kabel, als man mich in ein ziemlich dunkles sehr großes Studio führt. Da gibt es nur eine hellbeleuchtete Ecke, in der ein paar Personen eine wilde Streitszene spielen, darunter Senta Berger, wie mir zugeflüstert wird. Dann Licht aus und Licht an in einer anderen Ecke: extravagant gekleidete junge Frauen wiegen sich herein: Mannequins. Nun werde ich am Arm gezupft: bitte schnell in die Maske, zwei Treppen hoch. Eine ehrfurchtgebietende Dame drückt mich in einen Sessel und macht sich mit Make-up und Puder über mich her. Eilig geht es wieder nach unten - jetzt ist das Studio bis auf einen kleinen Fleck vollkommen dunkel. Dorthin führt mich jemand, ich darf mich setzen, blendendes Scheinwerferlicht in den Augen. Vor mir im Dunkel kann ich die Schatten zahlreicher Personen wahrnehmen. "So", heißt es, "sagen Sie nun

bitte Ihren Namen und daß Sie Mitglied des Deutschen Bundestages sind. Und dann reden Sie zwei Minuten über Emanzipation! Nein, niemand wird Fragen stellen. Sie reden einfach drauflos!" Klappe. Und los geht's. "Ich heiße Lenelotte von Bothmer und bin Mitglied des Deutschen Bundestages...." Zwei Minuten können sehr lang sein. Endlich frage ich: "Reicht das nun?"
"Ja, ja", rufen mehrere Stimmen, "sehr gut!" Der Film sollte am 11. November im Fernsehen gesendet werden. Ich hatte die Unvorsichtigkeit, dies mehreren Leuten zu erzählen - nachher wünschte ich, ich hätte es nicht getan. In Norddeutschland, wo meine Familie lebte, konnte man ihn zum Glück sowieso nicht empfangen. An irgendeiner Stelle des zusammenhanglosen, nichtssagenden Emanzipationsfilms - das sollte er nämlich sein! - erschien dann mein Kopf in einem Rahmen. Ich sagte also meinen Namen etc., und da saß plötzlich oben auf dem Rahmen eine Zeichentrickfigur mit einem großen Schnabel. Den klappte sie auf und rief mit quäkender Stimme: "ach, wirklich?" Ich war froh, daß alles, was ich in den mühseligen zwei Minuten gesagt hatte, herausgeschnitten worden war... Weitere Angebote dieser Art habe ich fröhlich abgelehnt. Ein Schlaflied singen bei Wim Toelke? Damit sich alles totlacht über mich als Opfer einer der beliebtesten Unterhaltungssendungen am Samstag! Nein, - da habe ich gern anderen den Vortritt gelassen. Die sich, wie konnte es anders sein, dabei lächerlich machten.

# 14. Exklusive Gesellschaft

Wieder einmal großer Anlaß: der Bundespräsident gab einen Empfang zu Ehren von König Boudouin von Belgien und Königin Fabiola. Da die Räume in Schloß Brühl für die Menge der Geladenen nicht ausreichten, war ein großes Zelt - mit einem kaltes Buffet angebaut worden. Das Buffet hatte allerdings mit weißen Tüchern zugedeckt zu bleiben, bis die hohen Herrschaften eingetroffen waren. Unterdes drängten sich die festlich Gekleideten, Gläser in der Hand, umeinander herum. Mit einem Mal wurden die Tücher entfernt offenbar waren die, um deretwillen hier nun um die Wette gespeist wurde, angekommen. Was angeboten wurde, war von bemerkenswert geringer Qualität und doch stellte dieses Buffet den Höhepunkt des Abends dar, denn die Herrschaften blieben für diesmal unter sich. Ich stand mit einem Kollegen gelangweilt am Rand des gesellschaftlichen Treibens, als der Staatssekretär des Bundespräsidenten uns ansprach: ob wir ihm in den Salon folgen wollten? Wir schlossen uns ihm gern an. Im Salon standen zwei runde Tische: der König und Frau Heinemann und verschiedene andere Personen saßen an dem einen, der Bundespräsident und die Königin, umringt von Anderen, am zweiten - ein schönes, würdiges Bild. Die Unterhaltung schien nicht sehr lebhaft zu sein. Am Tisch des Königs waren zwei Stühle frei - vielleicht waren wir gerufen worden, um sie schicklich zu besetzen? Der Staatssekretär wies uns diese Plätze an. Mein Tischnachbar war der päpstliche

Nuntius. Ihn in ein Gespräch zu ziehen, erwies sich als fast unmöglich. Zu trinken gab es auch nichts. Ob ein Nuntius nicht mit Frauen spricht? Ob er mich als zu gering befand? Ob er sich schon zu sehr gelangweilt hatte? Mir gegenüber saß mein Kollege neben Frau Heinemann. Ihm ging es deutlich besser, auch ohne einen Schluck Wein, er kam leicht ins Gespräch. (Es kam mir vor, als hätte überhaupt nichts auf dem Tisch gestanden außer dem festlichen Blumenarrangement.) Der König ließ erkennen, er wünsche, daß wir ihm vorgestellt würden. Das, dachte ich, hätte eigentlich geschehen müssen, bevor wir uns an seinen Tisch setzten... Wir standen also auf und begaben uns zu ihm, und er erhob sich. Der Vorstellung durch den Staatssekretär folgte ein huldvolles Gespräch. Er war wirklich sehr nett, dieser König, aber uns fiel auch nicht so recht ein, worüber man mit einem König redet. Außerdem stellt ja er die Fragen und gibt damit das Thema vor. Wir gaben uns Mühe, der Situation zu genügen. Wir verabschiedeten uns bald. Mir jedenfalls war es unangenehm, daß er unseretwegen stehen mußte und unser Geplauder am Tisch deshalb Beachtung fand. Wir wurden freundlich entlassen. Weil wir keine Lust hatten, noch weiter dazusitzen, beschlossen wir heimzufahren. Sicher war es ein Fauxpas, den Salon einfach zu verlassen, aber wir gehörten ja nicht zu der hier exklusiv versammelten Gesellschaft. Wir schlugen uns durch die Sicherheitsabsperrungen zum Wagenabruf durch. Aber dort beschied man uns streng, daß kein Wagen abfahren dürfe, bevor nicht die hohen Herrschaften aufgebrochen seien. Einen Augenblick standen wir ratlos da. Dann sagte mein Kollege plötzlich: "Warte hier!" und eilte zurück in den Salon. Dort trat er gemessen hinter den Stuhl von Bundespräsident Heinemann und meldete leise: "Herr Bundespräsident, die Wagen sind vorgefahren!" Ich könnte mir vorstellen, daß mein Kollege damit dem inzwischen stark gelangweilt wirkenden Präsidenten einen großen Gefallen getan hat. Der stand nämlich sofort auf, die Herrschaften brachen auf - und wir beiden waren die nächsten, deren Wagen vorfuhr.

## 15. Weiße Nelken

Ich gehe in den Plenarsaal. Nelken auf Elisabeths Platz. Ich versuche, mich zu erinnern, wann ich sie zum letzten Mal gesehen habe - und weiß es nicht mehr! Der Präsident spricht in seiner kurzen Gedenkrede von schwerer Krankheit. Ich hatte keine Ahnung, daß sie so krank war! Wie wenig wir uns hier umeinander kümmern. Ich wußte ja auch nicht, was mit Erwin los war, der vor kurzem morgens von den Putzfrauen tot in seinem Arbeitszimmer gefunden worden ist. oder mit jenem Kollegen von den Liberalen, der am Steuer seines Wagens vom Herzschlag getroffen wurde. Das einzige, was ich weiß und an mir selbst erfahre, ist, wie kräftefressend dieser Beruf ist. Da gibt es nicht nur die niemals abreißende Arbeit am Schreibtisch, die Telefonate, Besucher und Besprechungen, kräftezehrend ist allein schon das Hin- und Herreisen nach und von Bonn und zu Kongressen, Seminaren, Vortragsveranstaltungen und Versammlungen. Für mich kommen dazu noch die Auslandsreisen im Auftrag der Ausschüsse für Auswärtiges und für Wirtschaftliche Zusammenarbeit (Entwicklungspolitik), sowie jene, die ich als Mitglied des Europarates und der WEU zu machen habe. Ganz zu schweigen von all den Sitzungen in einer normalen Bonnwoche. Zeit zum Ausspannen, ganz freie Tage sind selten.

Daß es mir in der letzten Zeit nicht immer gut ging ... darüber spricht man nicht. Ein Politiker ist immer frisch und einsatzfähig. Ich möchte hier nicht mit Nelken abgemeldet werden.

## 16. WEU

Die 70er Jahre hindurch reiste ich mehrmals im Jahr nach Paris, manchmal für eine ganze Arbeitswoche, manchmal nur für ein oder zwei Tage. Dann eilte ich morgens mit dem Strom der Berufstätigen und Schüler durch die Straßen zur Arbeit, saß mittags wie andere Angestellte aus Büros und Geschäften der nächsten Umgebung mit dem einen oder anderen meiner Kollegen zum Essen in einem kleinen Restaurant oder zum Kaffee davor auf der Straße, und war nicht nur eine der unzähligen Besucherinnen dieser Stadt, sondern gehörte ein bißchen zu ihrem Alltag: Ich hatte mich in der WEU (West-Europäische Union) engagiert, die in Paris ihren parlamentarischen Sitz hat und der ich als Mitglied des Europarates automatisch angehörte. Dabei hatte mich anfänglich die Teilnahme absolut nicht gereizt, denn man befaßte sich dort politisch mit der Sicherheit und Verteidigung des westeuropäischen Staatenbundes - wobei die WEU entsprechend ihren Statuten ausdrücklich überhaupt keine praktisch-militärischen Aufgaben hatte und niemand daran dachte, ihr solche zu geben. Aber da Sicherheit und Verteidigung mich herzlich wenig interessierten, war ich der WEU erst einmal ferngeblieben. Als ich dann doch zum ersten Mal bei einer Sitzung auftauchte, war ich fasziniert: da saßen Männer unter einem hochgewölbten Halbrund auf dunkelrot beschlagenen - sehr unbequemen - und steil hintereinander aufsteigenden Bänken. Abgeordnete aus sieben Ländern: den Beneluxstaaten, England, Frankreich, Italien und der Bundesrepublik. In dieser ehrwürdig-altmodischen Ausrüstung wurde das parlamentarische Ritual fast feierlich zelebriert, geleitet von einem älteren Präsidenten, ganz in Schwarz, der umgeben war von dienstbaren Sekretären, ebenfalls ganz in Schwarz. Mit wehenden Rockschwänzen, scharfnasig und leicht vorgebeugt, erinnerte mich der Ranghöchste unter ihnen an einen Raben.

Ich hörte mir die wohlgesetzten Reden an und dachte respektlos, daß ich inzwischen genug gelernt hatte, um da auch mittun zu können. Ich entschied mich also zu bleiben und mich dem politischen Ausschuß, dem Committee for General Affairs, anzuschließen. Später erfuhr ich, daß dies der wichtigste Ausschuß der Versammlung war, denn Politik hatte Vorrang. Da wurden die Leitlinien ausgearbeitet für die Beziehungen dieser westeuropäischen Staatengruppe zu den USA, zu den Warschauer Pakt Staaten, zum Nahen und Fernen Osten. Es wurde über die KSZE beraten, über die Auswirkungen wichtiger internationaler Verträge, über Spannungen und kriegerische Auseinandersetzungen und deren Rückwirkungen auf die eigenen Staaten. Meine erste Aufgabe bestand darin, einen Bericht über die KSZE auszuarbeiten. Er wurde, wie die Berichte der Kollegen, im Ausschuß diskutiert, kritisiert, verbessert, verändert und endlich, mit einer Stellungnahme oder Resolution, der Versammlung zur Diskussion und Entscheidung vorgelegt. Dieses umständliche, gründliche Vorgehen, dem jeder unterworfen war, empfand ich persönlich als gute Schule. Und der burgunderfarbene Plüsch und all das übrige Drum und Dran hatten durchaus etwas Liebenswürdiges und trugen nicht wenig dazu bei, daß auch einfache Vorgänge, wie etwa namentliche Abstimmungen, zu einer Quelle des Vergnügens wurden: wenn dann der stets feierliche 'Rabe', ein Franzose, die ausländischen Namen in so absurder Aussprache aufrief, daß viele den ihren nicht erkannten und, durch Zurufe von allen Seiten aufgeschreckt, sich halb erhoben und noch fragend um sich schauten, bevor sie nach vorne eilten, während längst weitere Aufrufe Verwirrung geschaffen hatten ...

Der Westeuropäischen Union wie dem Europarat sind Außen- und Verteidigungsminister in verschiedenster Zusammensetzung zugeordnet. Sie halten ihre Beratungen richtungsweisend ab für die beiden parlamentarischen Versammlungen - ohne ihnen jedoch viel davon mitzuteilen. Immerhin schließt sich an den Vortrag eines solchen Ministers eine Fragestunde an. "Herr Minister", melde ich mich im Interesse meines Ausschusses zu Wort, "Sie haben davon gesprochen, daß der Bericht des Rüstungsausschusses der der WEU angehörenden Verteidigungsminister zeitgerecht den Mitgliedern der Parlamentarischen Versammlung vorgelegt werden wird. Darf ich Sie fragen, was Sie unter zeitgerecht verstehen? Meinen Sie damit in diesem Jahr oder im nächsten?"

Der Minister: "Ich verweise auf nächstmögliche Konsultationsschritte und sich daraus ergebende Absprachen, die..." Unruhe im Saal. Zwischenrufe. Der Präsident läßt sich vernehmen: "Meine Damen und Herren, Sie haben die Antwort des Ministers, so weit sie im Augenblick gegeben werden kann, gehört. Ich rufe nun Tagesordnungspunkt Nr. Soundso auf..."

Es kam die Zeit, da der Vorsitzende meines Ausschusses, oder, wie man sagte, der Präsident, sein Amt aufgab und ein Nachfolger gewählt werden mußte. Da tat ich etwas, was mir selber unerhört vorkam: ich fragte meine Kollegen, ob sie etwas dagegen hätten, wenn ich kandidierte. Die ganze Runde war in Verwirrung gesetzt, denn niemandem wäre es eingefallen, die einzige Frau im Ausschuß für diese Position in Betracht zu ziehen. Eine peinliche Situation - aber ich konnte und wollte nicht mehr zurückziehen. Ein belgischer Kollege, der vorher schon hatte merken lassen, daß er Interesse am Vorsitz hatte, erklärte nun fast gekränkt, gegen eine Dame wolle er nicht kandidieren. Ich war verärgert darüber, doch er ließ sich nicht umstimmen und ich wurde, zu meinem Erstaunen, einstimmig gewählt. Und bekam dann doch Angst vor meiner Courage. ob ich es wirklich schaffen würde? Und gleich noch auf der bevorstehenden USA-Reise den Ausschuß im Pentagon, im State Department, bei den Außenpolitikern im Senat, zu führen und dort die Sitzungen zu leiten? Von ausschlaggebender Wichtigkeit für den Vorsitzenden ist die Arbeit des Ausschußsekretärs und die Kooperation mit ihm. Jener ist es nämlich, der die Arbeit vorbereitet, notwendiges Quellenmaterial beschafft, auf alles aufmerksam macht, was zur Routine der WEU gehört, und schließlich gemeinsam mit dem Vorsitzenden die Tagesordnung aufsetzt. Der Ausschußsekretär nun, ein Franzose, hegte zu der deutschen Frau nicht allzuviel Zutrauen. Ich nehme an, er hatte auch Zweifel, ob ich der Sache gewachsen sei und ob ich auf seine Erfahrung und sein vielseitiges Wissen zurückgreifen würde. Ich spürte seine Zurückhaltung. Doch Henri Burgelin wurde in erstaunlich kurzer Zeit mein verläßlichster Helfer. Ohne seine Klugheit und seine Fairneß wäre es schwer gewesen, diesen Haufen politisch erfahrener, eigenwilliger Männer mit absolut gegensätzlichen Auffassungen zu leiten. Was mir half, den manchmal härtesten Meinungsstreit in allgemeine Heiterkeit aufzulösen und mehrheitsfähig eine gemeinsame Marschroute zu bekommen, war, daß er und ich immer wieder auch das Komische an einer Situation bemerkten... Und dann eben Paris! In dieser besonderen Atmosphäre durfte ich mich zeitweilig heimisch fühlen, ich gehörte dazu. Wenn ich jetzt die Stadt besuche, ist es nicht mehr das Gleiche.

# 17. Panne

Von Paris nach Genf, ein kurzer Flug am Nachmittag. Sorglos gab ich - gegen meine Gewohnheit - das leichte Köfferchen ab. Beim Einsteigen, nachdem ich es identifiziert hatte, verschwand es vor meinen Augen als letztes im Bauch des Flugzeugs. Aber in Genf erschien es nicht auf dem Gepäckband. Ich wartete, fragte endlich am Schalter der Fluggesellschaft, der Irak-Fluglinie. (Leichtsinn, dachte ich, gerade mit denen zu fliegen!) Jedenfalls hatte ich nun den Schaden, denn obwohl die Maschine noch eine halbe Stunde lang auf dem Rollfeld stand, konnte mein kleines Gepäckstück nicht herausgeholt werden. Ich durfte eine Verlust-meldung ausfüllen und bekam versichert, daß der Koffer in zwei bis drei Tagen wieder in Genf sein würde. Ich war aufgebracht über die Sturheit der Iraker, aber ich wäre noch viel wütender gewesen, hätte ich gewußt, daß sie mir, entgegen den internationalen Gepflogenheiten, den entstandenen Schaden nicht ersetzen würden... Ich sagte, ich bliebe nur eine Nacht in Genf und sie sollten mir den Koffer gefälligst nach Hannover schicken. "Keine Sorge", tröstete ein zur gleichen Zeit angekommener Kollege, "kauf dir, was du brauchst. Das ersetzen sie dir." Denn auch er kannte die Gepflogenheiten. Nun ging's darum, noch rechtzeitig vor Ladenschluß in die Stadt zu kommen. Ich überlegte, was ich brauchte: Zahnbürste, Seife ... vor allem aber etwas anzuziehen, denn die weiße Bluse, die ich trug, mußte gewechselt werden. So machte ich mich vom Hotel aus sofort auf den Weg. Es gab keine Läden in der Nähe, und da ich noch nie in Genf eingekauft hatte, mußte ich mich auf mein Glück verlassen. Ich fand, was ich suchte und beeilte mich zurück. Leider war überall Kopfsteinpflaster und beim Laufen brachen die Absätze meiner Sandaletten mehr oder weniger ab. Ich humpelte also vorsichtig vollends zum Hotel zurück. In einer halben Stunde sollten wir alle, die wir an jenem Treffen teilnahmen, zum Diner in ein nicht weit entferntes Restaurant gehen. Wir gingen wirklich zu Fuß. Der Portier, nachdem er vergeblich versucht hatte, einen Schuster zu erreichen, versprach, daß der Hausdiener die Absätze kleben könne - allerdings dürfe ich die Sandaletten dann nicht vor morgen früh wieder anziehen. Er behielt sie gleich da, und ich suchte in Strümpfen mein Zimmer auf. Was nun? Barfuß? Das wäre dem Anlaß nicht gerecht geworden. Und zu kalt wäre es mir auch gewesen. Da fiel mir Margaret ein, die englische Frau unseres libanesischen Kommitteemitgliedes, und ich erfragte ihre Zimmernummer, machte mich wieder auf die Strümpfe in ein anderes Stockwerk und klopfte bei ihr an. Sie war dabei, Toilette zu machen, und bei aller Wiedersehensfreude - wir hatten uns längere Zeit nicht gesehen - guckte sie doch sehr verwundert auf meine Füße. "Ja", sagte sie, nachdem ich alles erklärt hatte, "natürlich können Sie Schuhe von mir leihen. Suchen Sie aus, was zu Ihrer 'Garderobe' paßt." Die "Garderobe" war das eben in Eile gekaufte Kleid. Es hatte blaue Streifen. So wählten wir ein hübsches Paar blaue Schuhe, die mir nur leider viel zu groß waren. Aber anziehen mußte ich sie. Langsam und vorsichtig, die Füße bei jedem Schritt nachziehend, ging ich mit zum Restaurant. Teilnehmend fragte einer der Freunde, der mit mir hinter den anderen zurückgeblieben war: "Are you not well, dear?" Und reichte mir freundlich den Arm. "Es sind nur Margarets Schuhe", antwortete ich. "Oh", sagte er.

# 18. Mit dem WEU-Ausschuß in Amerika

In Amerika genossen wir herzliche Gastfreundschaft und hatten freundliche und interessante Gespräche. Aber ein paar Merkwürdigkeiten sind uns doch begegnet: Im Pentagon fragte einer meiner Kollegen, wie denn, für den Fall, daß die Sowjets angreifen sollten - wovon wir ja in erster Linie betroffen wären - die Verteidigung Europas aussehen sollte. Man antwortete ihm, man teile seine Einschätzung und habe dafür natürlich verschiedene Szenarien erarbeitet. - Ein anderer Kollege wollte dies nun genauer wissen: "Können wir mit einem effektivem Schutz Europas rechnen?" Antwort: Im Grundsatz ja. Nur habe man, wie gesagt, auch andere Szenarien überlegt. Eines sei zum Beispiel, daß sich die US-Streitkräfte sofort zum Atlantik zurückzögen und dort eine Verteidigungslinie aufbauten. - Betroffenheit bei uns Europäern. Einer sagte: "Das hieße also, daß Sie Europa aufgeben." - "Well", war die Antwort, "I get the impression that you are too European-minded!" - wir waren also zu Europa-fixiert! Ob er nicht seinerseits zu Amerika-fixiert sei, konnte ich mich nicht zurückhalten zu fragen. Es sei nämlich so, daß wir ja in Europa lebten... Das war sicher nicht höflich. Und der Gesprächspartner fand es auch keineswegs lustig. Sehr nachdenklich verließen wir das Haus. Bei den Senatoren wurde über eine mögliche wirtschaftliche und politische Vereinigung Westeuropas gesprochen. Ein

Kollege fragte: "Wie würden die USA zu einer solchen Vereinigung stehen?" Antwort eines Senators: "Nun, man muß mit Kindern Geduld haben..." (Zwar ist das richtig, nur: wieso sind die Amerikaner eigentlich unsere Eltern?)

Geduld zeigen lernen mußte ich in dieser Funktion in der Tat, was nicht immer leicht war. Ich erinnere mich an einen großen Abendempfang in Brüssel: Die WEU-Ausschüsse hatten getagt, die Nachmittagssitzung war vorüber, nun drängten sich viele Rüstungsmanager mit Brüsseler Beamten und Diplomaten im Saal. Ich war mit ein paar Managern ins Gespräch gekommen. "Wir haben ja in der Bundesrepublik bald Wahlen", sagte einer, "ich weiß allerdings nicht, was wir diesmal wählen sollen." Ich fragte ihn, ob es denn für ihn nicht ausgemachte Sache sei, was er wählen würde. Im Grundsatz schon, meinte er. "Aber jetzt! wir können ja keinen besseren Kanzler haben als Helmut Schmidt." "Na", sagte ich, "dann wählen Sie ihn doch." "Das geht ja nicht. Da müßten wir ja SPD wählen." "Wäre das so schlimm?" "Wenn man ihn direkt wählen könnte, würde er haushoch gewinnen", sagte der Manager. "Sie müssen schon selbst wissen, was für Ihre Geschäfte besser ist", sagte ich und wandte mich anderen Gästen zu.

# 19. In Rom

Ein schmales Zimmer in der prächtigen Renaissancevilla, durch dessen hohes Fenster der Blick weit über die tieferliegende Stadt geht: Rom im Frühlingssonnenglanz. Ich sitze in Klausur mit dem italienischen Außenminister, dem derzeitigen Vorsitzenden des Ministerrates. Er berichtet mir von den Besprechungen dieses Rates, so weit sie die Westeuropäische Union angehen. Denn ich bin Präsidentin des Politischen Ausschusses dieser Parlamentarischen Versammlung. Ich wiederum werde später meinem Ausschuß berichten... Ein steifes, streng protokollgerechtes Ritual. Der Minister, bis vor kurzem der lustige Kollege Angelo, ist noch nicht lange im Amt. Umso würdevoller gibt er sich nun. "Onorevole" redet er mich an, mit dem Titel, der in Italien den Abgeordneten zusteht. Ich erwidere: "Exzellenz!" Aber der ganze Auftritt kommt mir ein bißchen komisch vor, weil eben seine Mitteilungen wie üblich gar nichts von Bedeutung enthalten. Vielleicht ist auch nichts von Bedeutung vorgekommen bei der Ministerbesprechung? Derweilen lassen sich die Kollegen, die im Saal nebenan plaudernd warten, gedämpft hören. Denn sobald wir aus unserer Kammer hervortreten, wird es ein köstliches Mahl geben.

"Also, Sie waren in Rom?", fragt ein Kunstfreund. "Haben Sie recht viel von dieser einzigartigen Stadt gesehen?" "Ja. Den schönen Blick aus der Villa. Und düstere verstopfte Straßen. Und ein paar verstaubte Prachtbauten. Und natürlich das Parlament." "Sonst nichts? Das ist ja unglaublich!" "Ja - doch: die Piazza Navona mit ihren schönen Brunnen. Da saß ich mit einem italienischen Kollegen bei einer Tasse Kaffee..." "Ich bitte Sie, das ist ja trostlos! Ich meine, daß Sie nichts weiter von den Schönheiten der Ewigen Stadt gesehen haben!" "Da haben Sie recht. Aber reisenden Politikern bleibt eben fast immer zu wenig Zeit für Besichtigungen und Entdeckungen." Aber es kam doch noch anders. Wieder einmal, nach anderthalb anstrengenden Sitzungstagen in Rom, komme ich abends todmüde gegen elf Uhr ins Hotel. Da teilt mir der Portier mit, es habe zwei Anrufe für mich gegeben, und beide Herren bäten dringend um Rückruf. Ich kenne in Rom niemanden außer den Politikern, mit denen ich eben zusammen war. Wer kann angerufen haben? Signore Vecchietti aus Rom, Signore Maravalle aus Mailand! "Nein", sage ich, "die kenne ich beide nicht." "Oh", sagt der Portier, "wir können noch zurückrufen. Vielleicht nicht mehr nach Mailand, aber..." Und schon wählt er die Nummer und gibt mir den Hörer in die Hand. Wie peinlich! Mein Italienisch ist sehr begrenzt. "Vecchietti!", ruft es, "si, si, Silvano Vecchietti! Und Sie sind Signora Bothmer!" "Si", antworte ich und versuche zu erfahren, wer Herr Vecchietti eigentlich ist und warum er angerufen hat. Aber das ist alles zu schwierig. Er verkündet stattdessen, daß er gleich noch ins Hotel kommen wird, subito! Ich stehe verblüfft neben dem Telefonapparat, aber der Portier äußert seine Zufriedenheit mit dem Verlauf der Sache und die erstaunten Kollegen an der Bar bieten sich an, den Fremden notfalls hinauszuprügeln. Doch es erscheint ein freundlicher, höflicher Mann, Chefarzt eines Krankenhauses, der aus unbekannten Gründen gern eine Unterredung mit mir hätte. Worüber? Und warum mit mir? Woher weiß er überhaupt von mir? Wir radebrechen auf Französisch. Und mir wird schnell klar, daß es vergeblich wäre, auf Antworten zu drängen. Der Sprache wegen - und überhaupt. Der dottore möchte mir wenigstens Rom zeigen, domani, morgen! Das wird nicht möglich sein, denn ich muß schon am Vormittag abfliegen. "O si, si, das wird gehen!" Und er ist früh am Morgen wieder da, lädt meinen Koffer ein und los geht es. Einige der größten Sehenswürdigkeiten zeigt er mir, Palatin und Colosseum, und erklärt alles aufs Lebhafteste. Und dann bringt er mich zum Flugplatz. Nicht die vielbefahrene Hauptstraße dorthin, sondern auf Nebenwegen durch die schöne Campagna. Zum Abschied umarmen wir einander herzlich wie alte Freunde - nur das Rätsel bleibt ungelöst. Ich hätte es gar nicht lösen mögen...

## 20. Gastmahl in Rom

Unter reichverziertem Tonnengewölbe eine lange Tafel: große und kleine Gläser, schweres Silberbesteck, edles Porzellan, prachtvolle Blumengestecke. Gemessen betreten die Gäste den Saal, ordnen sich (mit gestreckten Hälsen zum Lesen der Tischkarten) um den Tisch und bleiben schweigend hinter ihren Stühlen stehen. Der Minister und Gastgeber rückt meinen Stuhl zurecht, ich setze mich - alle setzen sich und plaudern nach rechts und links, lächeln. Ein Schwarm livrierter Diener eilt lautlos herein, Teller auf den Händen, und verteilt sich um die Tafel. Exakt im gleichen Augenblick werden die ersten Teller auf die silbernen Unterteller gesetzt und weiter bewegen sich die Livrierten gleichmäßig schreitend von Gast zu Gast. Der Minister: "Die heutige Entschließung, scheint mir, hat..." Ich: "Gewiß, nur wäre mir daran gelegen gewesen, wenn ..." Ich beobachte scharf den Fortgang des Servierens. Die Vorspeise ist verteilt. Ich hebe die Gabel. Wellenweise geht das Gabelheben um den Tisch. Man speist. Ich: "... die Einleitung schon genauer..." Der Minister hebt mir sein Glas entgegen. Ich benutze die Serviette und hebe mein Glas dem Minister entgegen. Er lächelt, ich lächle. Wir nehmen einen Schluck Wein, stellen die Gläser ab, greifen jeder wieder nach seiner Gabel. Der Minister: "Ich verstehe, Sie hätten gerne noch..." Die Vorspeisenteller werden abgetragen. Der Minister: "... die Probleme der Annäherung..." Ein kleiner Schluck Wein. Der Herr zu meiner Rechten möchte wissen, wie oft ich diese Stadt schon besucht habe. Der nächste Gang wird im genau abgemessenen Schritt der Livrierten aufgetragen. Haarfeine Nudeln. Das nächstgrößere Weinglas wird gefüllt. Der Minister erhebt sich und klopft an sein Glas. Messer und Gabeln ruhen. Die Tischrede. "... freue ich mich und ist es mir eine Ehre, Sie verehrte Frau Präsidentin, und die Mitglieder des Politischen Ausschusses der Westeuropäischen Union ..." er zieht unauffällig einen kleinen Zettel aus der Jackentasche und schielt darauf. "... langjährige hervorragende Zusammenarbeit ... Vertrauen aufgebaut ... äußerst positiv..." Rund um die festliche Tafel freundliches Lauschen und endlich respektvolles Händeklatschen. Allgemeines Gläserheben. Lächeln. Der nächste Gang: grüne Nudeln und anderer Wein. Ich lege meine kleine Handtasche neben meinen Teller und erhebe mich. Räuspern. Die wieder in Gang gekommenen Tafelgeräusche und Gespräche verstummen. Höflich, erwartungsvoll blicken mich viele Augenpaare an. Es folgt meine Tischrede. "Dank, natürlich ... die Gastfreundschaft des Landes, besonders des Ministers ... immerhin bedeutet die heutige Entschließung des Ausschusses einen wichtigen Schritt ... wenn auch nicht verschwiegen werden soll, daß einige Kollegen im Namen ihrer Regierungen doch etwas unbeweglich ... aber die Umgebung, das vielbedeutende Rom ...!" Gläserheben, Händeklatschen, Aufnehmen der Eßgeräte, anschwellendes Geplauder.

Der nächste Gang: weiße breite Nudeln. Anderer Wein. Ich mag Nudeln, aber ich weiß, daß nicht alle Kollegen begeisterte Nudelesser sind. Nach dem Dessert - natürlich plaudern wir alle nach rechts und nach links während der Nudelgerichte und auch zum Dessert - erheben zuerst der Minister und ich mich. Es folgen die Gäste. Und im Nebensaal stehend, die Mokkatasse in der Hand, bricht das Plaudern nicht ab. Ein Cognac noch, Verabschiedung, und eilig ist die Gästeschar zerstoben. Die Kollegen und ich begeben uns zur Nachmittagssitzung. Es ist nicht leicht, vorsitzen zu müssen nach einem Gastmahl mit so viel Wein und so wenig Muße zum Essen! Wie aber sollte Internationales funktionieren - ohne Gastmähler?

## 21. Beim Papst

Eines ist mir entgangen: der Empfang beim Papst! Pflichtgemäß auf der Reise nach Rom, die diesmal über Hamburg gehen sollte, erfuhr ich dort auf dem Flughafen, daß auf dem römischen Flughafen die Feuerwehrleute in Streik waren und daß deshalb eine Landung dort nicht möglich sei. Mit der Bahn wäre ich erst angekommen, wenn das große Ereignis längst vorüber war. So blieb mir nichts übrig, als enttäuscht umzukehren. Wie die Kollegen es geschafft hatten, dennoch nach Rom zu gelangen, weiß ich nicht. Ich mußte fast annehmen, das Management des Hamburger Flughafens sei grundsätzlich von Streik in Italien ausgegangen, ohne sich klarzumachen, daß auch streikfreie Zeiten anfielen. Die anderen also - auch ich hatte ein extra geliehenes schwarzes Spitzentuch im Koffer - die anderen also sind dem Anlaß entsprechend würdig angetan, geführt vom Kollegen Ariosto aus Sizilien, beim Papst vorgelassen worden.. Was den Sizilianer anging, einen würdigen älteren Herrn, so hatte ich einmal einen der anderen Italiener, weil mir die dortigen Verhältnisse wenig bekannt waren, vorsichtig gefragt: "Muß er nicht, da er großes Ansehen unter den anderen genießt, einer Mafia angehören?" "Sicher", war die gelassene Antwort, "aber eben einer sehr angesehenen." Dem in das päpstliche Empfangsgemach voranschreitenden kleinen und schmalen Mann folgte der Präsident unseres Ausschusses, der britische Mr. Hunt, ein breiter und dicker Mann. Er hat den nach ihm Kommenden den Blick verstellt. Sie konnten nicht sehen, wie der Sizilianer - Mr. Hunt hat es ihnen später erzählt - sich gleich bei der Türschwelle der Länge nach auf den Boden warf. Sie sind nur ganz verdutzt dagestanden, als Mr. Hunt, so weit ihm seine Schwerfälligkeit das erlaubte, nun auch seinerseits so tief wie möglich zu Boden ging. Auf eine Verbeugung war er schon gefaßt gewesen, hat er nachher gesagt, aber daß man so tief hinunter müsse, habe er nicht gewußt. Das Problem ist nicht recht gelöst worden und der Papst hat sich mit dem vor Schreck und unterdrückter Heiterkeit zurückhaltenden Benehmen des Gefolges zufriedengegeben... Kurz – was wäre denn für Nichtkatholiken das Angemessene gewesen? Darüber wurde noch in Straßburg lebhaft diskutiert.

## 22. Als Frau unter Männern

In einer meiner Tagebucheintragungen finde ich folgende Notiz: "Wenn ich mit mehreren Männern, Deutschen oder auch Briten, an einer Sitzung teilnehme, selbstverständlich vollkommen gleichberechtigt, werde ich freundschaftlichst begrüßt, auch mal mit scherzhafter Ritterlichkeit (britisch), aber dann, wenn es zur Sache geht, gar nicht mehr wahrgenommen. Selbst wenn ich versuche mitzureden, wird meine Stimme von den kräftigeren Männerstimmen immer übertönt. Ich muß mich mit deutlichen Zeichen zu Wort melden. Großmütig schlägt dann etwa der Vorsitzende eine Bresche: "Wait a moment, Denis, Lenelotte wants to make a remark!" Ich sollte eigentlich wirklich im Lauf der Zeit verinnerlicht haben, wie wohlerzogene Männer sich bei Sachgesprächen verhalten..."

Im Nachhinein kann ich sagen, daß alles ganz anders war, als ich selbst den Vorsitz hatte. Dabei ging es doch in den Ausschüssen, die ich leiten durfte, auch um 'Sache'. War ich denn dort jemand anderes? Oder galt die Aufmerksamkeit der 'chairperson', wie die Engländer sagen? Das wäre enttäuschend, denn es hat mir wirklich Spaß gemacht, als Vorsitzende die Kollegen zu motivieren, Ideen einzubringen und zu diskutieren. Selbstverständlich bekam ich eine solche Aufgabe nicht in Bonn, sondern in den europäischen parlamentarischen Versammlungen. Dort hatte jeder eine Chance.

In der WEU war es mehrere Jahre lang der Ausschuß 'General Affairs', der politische Ausschuß, den ich leitete. Wenn die deutsche Delegation zur Sitzungswoche nach Paris kam, versammelte sie sich am Vorabend der Sitzungswoche gewöhnlich zu einem sogenannten Arbeitsessen in der Residenz des deutschen Botschafters, einem prachtvollen Palais aus großer Zeit. Der Botschafter war ein angenehmer Gastgeber, der zusammen mit seinen Mitarbeitern diesem Abend eine großzügige gesellschaftliche Note gab. Während des Essens aber mußte nun das Arbeitsprogramm der Woche durchgesprochen, die Berichte, die in den verschiedenen Ausschüssen erarbeitet worden waren, kurz vorgelegt und politisch eingeordnet werden, kurz, es kam, weil ja Angehörige der verschiedenen Fraktionen die Delegation ausmachten, auch Kontroverses lebhaft zur Sprache. Die Botschaft wurde auf diese Weise genau darüber unterrichtet, was zwischen uns Abgeordneten lief. Mir war bei diesem Gedanken durchaus nicht immer behaglich: niemand wußte, was die von der Botschaft anwesenden Herren aus dem, was hier zur Sprache kam, machten. Es blieb auch kaum Zeit, den einen oder anderen von ihnen kennenzulernen. Sie waren einfach höflich da und dabei. Und selbst der Botschafter - mußte der alles so genau wissen?

An einem dieser Abende stellte ich den Bericht eines italienischen kommunistischen Kollegen vor, den mein Ausschuß in seiner endgültigen Form beraten und anderntags dem Plenum vorlegen würde. Es handelte sich um eine sachliche kluge Arbeit über die zu erwartenden politischen Auswirkungen der KSZE. Unvermutet, beim Käse - man saß ja an der Tafel erklärten die christdemokratisch und christsozialen

Kollegen, sie seien der Auffassung, dieser Bericht müsse zurückgewiesen und überhaupt nicht diskutiert werden. Warum? Nun, das sei selbstverständlich ... ein kommunistischer Bericht. Unsere italienischen kommunistischen Kollegen waren besonders weltläufige und gebildete Leute und, wie ihre Partei, nicht blind moskauhörig. Auch wenn das nicht so gewesen wäre, hätten wir nicht das mindeste Recht gehabt, sie zurückzusetzen. Ich machte das deutlich, aber was ich auch sagte, die Kollegen wollten 'das Kommunistische' nicht akzeptieren. Endlich kam mir der Gedanke, zu fragen, ob der Bericht, der ja vorlag, denn überhaupt gelesen worden sei und ob also bekannt sei, wogegen protestiert wurde. ärgerliches Schweigen. So empfahl ich die Lektüre. Noch war Zeit bis zum Morgen. Und dann könnte, immerhin sachlich, entschieden werden, was zu tun sei. Wer aber mag spät in der Nacht, nach ausgedehnten Tafelfreuden, etwa im Bett noch einen politischen Bericht lesen?

Am anderen Tag wurde kein Protest mehr laut. Die Debatte verlief angemessen, der Bericht wurde, wie andere auch, mit einigen Veränderungen angenommen.

# 23. Entwicklungshilfe

Die zuständigen Politiker der verschiedenen Fraktionen waren sich, was Entwicklungshilfe betraf, im Großen und Ganzen einig. Auch ich war ihrer Meinung, denn ich wußte es nicht besser und meinte es gut. Erst nachdem ich ein paar protzige Zeugnisse - nicht nur deutscher - Entwicklungshilfe gesehen hatte, von denen ich bezweifelte, daß sie den Menschen eine Hilfe sein konnten, als ich also zu verstehen begann, daß mit dergleichen Mammutprojekten an den dringenden Bedürfnissen der Bevölkerung vorbei 'entwickelt' wurde, war ich mir meiner Meinung nicht mehr so sicher. Ich wußte, daß solche Projekte im Einvernehmen mit den Regierungen der jungen Staaten entstanden. In Daressalam besichtigte ich ein großes, nach modernstem Standard eingerichtetes Krankenhaus. Es war fertig, aber nicht recht in Betrieb genommen. Patienten und Ärzte bevorzugten das alte. Denn die wenigsten Kranken konnten die hohen Behandlungskosten aufbringen, die wenigsten Ärzte im Land waren den neuen Apparaturen gewachsen, die auch nicht gewartet werden konnten, ganz zu schweigen von eventuell fehlenden Ersatzteilen. Ein Flop also, für viel Geld hingestellt - damals, Mitte der 70er Jahre um manches Jahr zu früh? Insgeheim verglich ich dieses anspruchsvolle Haus mit jenem außerordentlich primitiv ausgerüsteten im Palästinenserlager Sabra in Beirut, in dem die Ärzte mit ihrem im Haus ausgebildeten Pflegepersonal wahre Wunder an Heilkunst vollbrachten. Aber auch in Afrika habe ich kleine, einfach ausgestattete Krankenhäuser besucht, die den Bedürfnissen der Kranken gerecht wurden. So wunderte ich mich, in einer Kinderstation nur große Betten zu sehen: nicht nur, daß die Mutter dort ihr Kind selber pflegt, sie schläft auch bei ihm und umgibt es mit ihrer heilenden Kraft. Ich habe eine solche Station als Teil eines deutschen Regionalprojektes gesehen: Mütter lernten verträgliche Speisen herzustellen, lernten anhand von Bildtafeln, was zur täglichen gesunden Kost eines Kindes gehört: ein Fisch, eine Handvoll Sojabohnen, Gemüse... Ein deutscher und ein einheimischer Arzt arbeiteten zusammen, ebenso gab es deutsche und einheimische Pflegekräfte, Gärtner, Handwerker, denn alle Geräte, die gebraucht wurden, kamen aus den zum Projekt gehörenden Werkstätten. Was ich da erfuhr, leuchtete mir ein: das war Hilfe, wie sie mir sinnvoll erschien. Denn das Projekt war so angelegt, daß die deutschen Helfer sich nach ein paar Jahren herausziehen und Einheimische allein verantwortlich sein sollten. Ich weiß, daß auch solche Projekte nicht immer gut weiterliefen, sobald die Entwicklungshelfer sie aus der Hand gegeben hatten. Natürlicherweise gehen die europäischen Helfer - mit viel Idealismus - von der eigenen Einstellung zur Arbeit aus und von der Vorstellung, daß, was als vernünftig angesehen wird, auch gemacht werden kann. Sie bringen ja auch das technische Know how mit. Die Menschen in anderen Ländern aber denken oft ganz anders, sie richten sich möglicherweise nach Traditionen, die anderes Tun verlangen - und der Fremde weiß nichts von all dem. Und wird häufig auch nach Jahren, die er dort verbracht hat, nur wenig verstanden haben.

Dennoch traue ich den Regional- oder Graswurzelprojekten noch am meisten, denn da kann Hilfe zur Selbsthilfe werden. Nur: haben wir Zeit für einen solch langsamen Prozeß, der helfen kann, gegenseitiges Vertrauen aufzubauen, wo doch Industrie und Technik alles überrennen? In der Hoffnung, an dieser neuen Welt teilhaben zu können, ziehen die Menschen zu Millionen in die Städte, die riesenhaft und nicht mehr verwaltbar herangewachsen sind und in deren Slums das blanke Elend herrscht. Es ist nicht möglich, in zwanzig, dreißig Jahren mit ein paar Brücken, Fabriken, Krankenhäusern, auch nicht mit viel Geld, andere Gesellschaften pfleglich um etwa zweihundert Jahre voranzuentwickeln. Nein, wir, die klugen Industrieländerbewohner, leiden an unserer Art von Unterentwicklung, die wir exportieren und mit der wir anderswo viel zerstören. Ein Kameruner sagte: "Sollen sie doch ihr Geld behalten! Es fließt ja sowieso zum größten Teil auf die Konten korrumpierter Regierungen." Ich bin immer unsicherer geworden. Läßt sich wirklich kein Zipfel Erde vor unserer menschenverachtenden Anspruchsgesellschaft schützen? Und ich habe doch in Afrika noch Ehrfurcht und Achtung gefunden, wie die Menschen miteinander und mit dem Überkommenen umgingen. Wenn doch 'Entwicklungshilfe' überall auf der Welt die Menschen wieder dazu bringen könnte!

## 24. Ein Abendessen

Unter den zahlreichen Einladungen, die im Lauf jeder Woche bei mir eintreffen, liegt die eines Wirtschaftsmanagers: er bittet mich zu einem kleinen Abendessen mit Herren aus Ghana in sein Haus. Afrika ist eines meiner Fachgebiete, - also sage ich zu. Ich ziehe mein hübsches Blaues an und finde mich zur angegebenen Zeit ein. Der Gastgeber und seine Frau empfangen mich freundlich, ja, fast respektvoll. Sie stellen mir die Gäste aus Ghana vor und erwähnen nebenbei, die Herren seien geschäftehalber hier. Der Leiter des Referats Afrika im Auswärtigen Amt, allgemein 'Afrika-Müller' genannt, ein guter Freund von mir, ist auch da. seit Jahren ist er für mich Ratgeber und Gesprächspartner. Der Gastgeber war ihm bislang ebenso unbekannt wie mir. – Wir beide sollen hier wohl Auswärtiges Amt und Parlament repräsentieren. Dem Gastgeber mag daran liegen, seinen entstehenden Geschäftsbeziehungen einen halboffiziellen Charakter zu geben. Ob auch den Ghanaern daran liegt? Speisen und Getränke sind vom Besten, das Gespräch bleibt sehr allgemein. Aber dann belebt Afrika-Müller die Gesellschaft mit kleinen Anekdoten aus Ghana! Er kennt das Land und liebt es. Die Ghanaer, die offensichtlich gerne lachen, nehmen die Geschichten mit Vergnügen auf und erweisen sich selber als unermüdliche Geschichtenerzähler. Von den Geschäften erfahren wir nichts, - es ist auch sicher nicht beabsichtigt, sie hier zur Sprache zu bringen. Und doch hätte es mich und bestimmt auch Afrika-

Müller interessiert zu erfahren, worum es sich eigentlich handelt. Wer die wirtschaftliche Lage der erst seit Anfang der 60er Jahre unabhängigen afrikanischen Länder kennt, dem können allzu kühne Investitionsvorhaben nicht ganz geheuer sein. Insider wissen, daß damit den armen und unterentwickelten Ländern nicht unbedingt geholfen wird. Vielmehr werden alte Abhängigkeiten oft neu gefestigt und der Masse der Bevölkerung kommen solche Unternehmungen nicht zugute, nur eine dünne Oberschicht gewinnt. Vielleicht handelt es sich hier aber um weniger große, um verträgliche Projekte? Ich bin entschlossen, Erkundigungen einzuziehen. Nach dem Mokka verabschiede ich mich auch von Afrika-Müller. Ich habe ihn nicht wiedergesehen. Denn wenige Tage später ist er ganz plötzlich an einem Herzschlag gestorben. Ich habe ihn vermißt.

## 25. Korruption?

Was war los mit Theo? Er war schweigsam und verschlossen geworden - und hatte doch sonst immer Lust und Zeit zu einem Plausch gehabt. Wir sprachen manchmal über unseren Anfang hier und all die hochgestimmten Hoffnungen, die wir nicht alle preisgeben wollten. Die ewige Hetze des Bonner Alltags drückte ihm aufs Gemüt. Aber: wir redeten immer nur von hier. Wir taten unwillkürlich, was alle anderen um uns herum auch so machten: das eigene Zuhause, die Freuden und Sorgen blieben ausgeklammert. Hing Theos Verschlossenheit vielleicht mit privaten Sorgen zusammen? Was wußte ich schon von ihm? Nicht mehr als das, was im Bundestagshandbuch stand: daß er verheiratet war und eine Tochter hatte. Möglicherweise hatte er ja Eheprobleme, - wie offensichtlich so viele andere; die Scheidungen oder Trennungen, die doch gelegentlich bekannt wurden, ließen zumindest darauf schließen. Doch was Theo anging, - es konnte auch etwas ganz anderes sein. Ich machte mir Gedanken. Aber ich schwieg. Auf einmal jedoch schien es mir, als sei Theo nicht mehr nur einfach verschlossen, sondern richtiggehend böse, - böse auf mich! Ich stellte ihn zur Rede, fragte, ob ich ihn irgendwie gekränkt hätte. Er brummte darauf nur etwas von 'Nase-in-alles-stecken' und ging seines Weges. Ich wurde nicht klug daraus. Wo hätte ich denn meine Nase hineingesteckt? Ich? In der vorhergehenden Woche hatte ich eine Frage an die Bundesregierung gerichtet. Ich wollte wissen, was es mit dem plötzlich geballten Investitionsvorhaben mehrerer Konzerne in einem verhältnismäßig kleinen afrikanischen Land auf sich habe. ob man befürchten müsse, daß dies dort, wo sich gerade hoffnungsvolle Ansätze regionaler Entwicklung zeigten, zu ernsthaften Irritationen führen könne. Die Frage wurde jetzt, in dieser Woche, wie üblich in öffentlicher Sitzung, mit der knappen Antwort beschieden: nein, die Bundesregierung könne mögliche Irritation nicht erkennen. Hinterher auf dem Flur lief mir Theo über den Weg. Er presste zwischen den Zähnen hervor: "Deine blödsinnige Frage!" - und wollte weitergehen. Aber da hielt ich ihn fest. Jetzt wollte ich's wissen. Und da antwortete er: "Ich hab doch die Firmen dahin vermittelt." "Was? Du? Wo du doch genauso gut weißt wie ich, daß derart massive Investitionen, noch dazu, wie hier geplant, vollautomatisierte Fabriken, das genaue Gegenteil von Eigenentwicklung bedeuten!" Wir haben uns gegenseitig noch allerlei vorgeworfen, bevor Theo beleidigt in seinem Büro verschwand. Noch verstand ich die Zusammenhänge nicht. Bis es mir wie Schuppen von den Augen fiel: Theo ging hier offensichtlich wider jedes bessere Wissen einem Privatgeschäft nach. Also auch er gebrauchte Einfluß und Stellung, um Geld in die eigene Tasche fließen zu lassen! Ach mein alter Kumpel war ja nicht der erste und gewiß auch nicht der letzte, der dieser Verlockung erlag. Da habe ich andere Herren - merkwürdigerweise niemals Frauen - gesehen, die in viel imponierenderem Maßstab solche Dinge betrieben und die, weil ihnen Gedächtnis und Unrechtsbewußtsein im Höhenrausch verloren gegangen waren, die Sache nie so unverblümt herausgelassen hätten wie der gute Theo. Weil er offenbar doch nicht der Mann für solche Geschäfte war, ist wohl auch nichts für ihn abgefallen, - vorausgesetzt daß aus der Sache überhaupt etwas geworden ist. Egal, - er mochte sich selber nicht mehr leiden, wurde nicht damit fertig. Er zog sich mehr und mehr von uns allen zurück. Schade um diesen guten Kerl!

Ich habe im übrigen selbst erfahren, wie leicht man in 'Geschäfte' verwickelt werden kann. Da wird man einfach von jemandem, den man über einen Dritten kennengelernt hat, angesprochen: "Könnten Sie nicht in Ihrem Bekanntenkreis, sagen wir mal bei ausländischen Diplomaten, unser Kreditinstitut empfehlen? Wir bieten besonders aufstrebenden Herren aus der Dritten Welt günstige Bedingungen. Sie würden natürlich prozentual daran beteiligt..." Da wäre mir möglicherweise ein ansehnliches Zubrot sicher gewesen. Wer hat, dem wird gegeben: Wer Einfluß hat und eine gewisse gesellschaftliche Stellung bekommt häufig zu seinem sowieso nicht mageren Gehalt noch etwas geboten...

## 26. Die Otrag-Saga

Laut internationaler Verträge dürfen in der Bundesrepublik keine Raketen hergestellt werden. Eine private deutsche Transportraketen Aktiengesellschaft hat 1976 mit dem afrikanischen Staat Zaire einen Pachtvertrag abgeschlossen. Einer Pariser Zeitung entnehme ich, daß die Firma an der Grenze zu Sambia und Tansania ein Gebiet von 100 000 Quadratmetern beherrscht, daß sie das Recht hat, die auf diesem Territorium lebenden Menschen zu evakuieren und nach Belieben Eingriffe in die Natur vorzunehmen. Sie darf Bunker, Flugplätze, Abschußrampen bauen, Straßen anlegen und eigene Siedlungen. Es sollen neuartige Trägerraketen entwickelt und ausprobiert werden.

Ich reiche eine parlamentarische Anfrage ein: inwieweit ist die Bundesregierung über diese Tatsachen unterrichtet? Weiß sie, daß die besagte Firma, die sich 'Otrag' nennt, in dem ihr überlassenen Gebiet absolute Hoheitsrechte besitzt? Kann sie sich vorstellen, daß ein derartiges Privatland bestehende zwischenstaatliche Beziehungen stören und eventuelle Vereinbarungen mit Zaire ad absurdum führen kann? Antwort der Bundesregierung: Ja, sie weiß von der Firma. Nein, sie sieht keinerlei Beeinträchtigung zwischenstaatlicher Beziehungen. Sie hat an der seltsamen Raketenproduktion gar nichts auszusetzen, merke ich, und diese Fragen kommen ihr wieder einmal nicht unbedingt gelegen. Für die Öffentlichkeit bleibt die Angelegenheit geheim.

Im folgenden Jahr werde ich einer Delegation zugeteilt: wir sollen Sambia besuchen und weiter nach Südafrika fliegen. Ich freue mich, daß ich mitfahren darf - die einzige in der Delegation, die beide Länder schon kennt. Dennoch findet es Geschäftsführerin Helga angebracht, allein mich - die ich wegen meines Engagements für die Schwarzen und die Palästinenser bei ihr in schlechtem Ansehen stehe - beiseitezunehmen und ernsthaft zu ermahnen: "Ich muß dich darauf aufmerksam machen, daß Südafrika ein sehr schwieriges Land ist. Du wirst dich also sehr in acht nehmen müssen..." Sie selbst kennt Südafrika nicht, hat sich nie mit seinen Problemen beschäftigt, aber sie fühlt sich im Besitz der Mehrheitsweisheit: Apartheid - nein! Ungestörte Wirtschaftsbeziehungen - ja!

Zum ersten Mal seit langer Zeit schickte die SPD-Fraktion eine kleine Gruppe von Wirtschafts-, Entwicklungs- und Außenpolitikern nach Südafrika, die die Verhältnisse im Apartheidsland studieren sollte. Hochrangige Politiker dagegen besuchten Südafrika grundsätzlich nicht. Dadurch sollte zum Ausdruck gebracht werden, daß die Bundesregierung die Apartheid mißbilligte. Es gab trotzdem Ausnahmen: Bundesfinanzminister Möller reiste in geheimer Mission, - um einen Brief des Bundeskanzlers an Regierungschef Botha zu überbringen. Näheres erfuhren wir darüber nicht. Mit Sicherheit ging es also 'nur' um Wirtschaft, - die Verantwortlichen in Bonn machten ja leider sich und anderen vor, Politik und Wirtschaft hätten nichts miteinander zu tun... Allerdings äußerte sich Möller, wie die Medien berichteten, zu allem, was ihm in Kapstadt schönfärberisch erzählt wurde, derart naiv und positiv, daß im Arbeitskreis Außenpolitik der Fraktion doch erstaunte Kritik laut wurde. Und dann - obgleich die Regierung immer wieder versprochen hatte, keine hochrangigen Politiker mehr zur Eröffnung der jährlichen Wirtschaftsmesse nach Südafrika zu senden, erfuhr ich zufällig, daß Wirtschaftsstaatssekretär Rohwedder zu eben diesem Zwecke dorthin geschickt werden sollte. Ich fragte ihn, ob ihm klar sei, daß er mit seinem Besuch dem Apartheidsregime eine willkommene und rechtfertigende Unterstützung leiste. Davon wisse er nichts, versicherte er mir, er kenne ja die inneren Probleme Südafrikas gar nicht und werde auch lediglich als Vertreter der deutschen Wirtschaft dort auftreten... Ich hörte das mit hilflosem Zorn.

Unsere Reise nun bereiten wir gründlich vor. Ich bringe dabei die Rede auf 'Otrag'. Für meine Kollegen ist die Sache neu. Wir beschließen, uns im Wirtschaftsministerium von der Abteilung Außenwirtschaft unterrichten zu lassen. Eine Dame höheren Ranges empfängt uns und entledigt sich dieser Aufgabe souverän, indem sie von einem bereitliegenden Blatt Papier folgende 'Unterrichtung' abliest: Otrag sei ein kleines, kaum erwähnenswertes Unternehmen mit Stammsitz in Bayern. In Zaire seien lediglich tätig ein Maurer, ein Tischler und ein Techniker. Diese Leute hätten sich dort einfache Unterkünfte gebaut. Und es gäbe daneben eine kurze Abschußrampe für leichte Trägerraketen. Diese Raketen könnten - es sei ja bisher nur ein Versuchsprojekt! - in jenen unwegsamen Gegenden nützlich für den Gütertransport werden. "Und das ist schon alles, was über die Sache zu sagen ist." Wie leicht doch Abgeordnete an Informationen kommen! Wir haben Glück, daß uns in Sambia noch keine Fragen gestellt werden. Nicht viel später aber fühlen sich Zaires Anrainerstaaten und darunter auch Sambia - von den mysteriösen Raketen beunruhigt. Sie führen Klage in Bonn. Die Bundesregierung scheint weiterhin nicht Kenntnis zu nehmen. Hat Otrag in Bayern einen hohen Gönner? Der Bundesaußenminister ist gezwungen, auf einem Flug über Schwarzafrika Kenntnis zu nehmen: eine Otragrakete verfehlt um Haaresbreite sein Flugzeug! Es gibt keine offizielle Meldung darüber, - die Bundesregierung schweigt. Zaire, allmählich doch beunruhigt durch die Tätigkeit der Firma und dazu noch von der wachsenden Besorgnis der Nachbarn, kündigt den Vertrag: Otrag muß das Land verlassen. Libyen nimmt Otrag auf. Für kurze Zeit nur. Denn auch Libyen will sich möglichen Komplikationen, die diese Raketenproduktion mit sich bringt, nicht aussetzen. Und die Bundesregierung, die die freie Wirtschaft nicht hemmen will, hält es mit den berühmten drei Affen ...

## 27. Tansania

Aus dem Reisetagebuch: "Ich bin zum ersten Mal in Tansania in Begleitung meines Mitarbeiters Reinhard. Er ist als Student schon einmal im Land gewesen und macht nun für mich den Reiseführer. Ich sehe und erlebe viel, ich treffe interessante Menschen - aber ich fühle mich nicht wohl, ich bin nicht recht zufrieden Ich kann nicht so gut Englisch wie er. Und er läßt's merken, er kennt Land und Leute und ich bin das Greenhorn. Er stellt die Fragen für mich. Das ist peinlich und bei jeder Begegnung muß ich einen Berg voll Scheu überwinden. Das war alles ganz anders allein in Sambia, da konnte ich selber fragen und reden. Aber er nennt das 'helfen'. Gleich zu Anfang meiner Bonn-Zeit hat er mir wirklich geholfen mit seinen guten Einfällen und seiner Gewandtheit. Unser Verhältnis war schnell partnerschaftlich, ich habe ihm absolut vertraut. ob das so richtig war, weiß ich im Lauf der Zeit nicht mehr. Immer mehr beherrscht er inzwischen das Büro, setzt sich durch, und ich fange an, an meinen eigenen Fähigkeiten zu zweifeln. Das geht so nicht weiter. Wenn wir wieder in Bonn sind, muß ich das ändern. Ich lasse mich doch sonst auch nicht an die Wand drücken. Allerdings kommt jetzt auch so etwas wie Entmu-tigung dazu: in der Fraktion bekomme ich keinen Fuß auf die Erde. Herrschaft und Arroganz der Funktionsträger sind nicht leicht zu ertragen. Die Euphorie des glücklichen Anfangs ist schnell verflogen. Umso verbissener arbeite ich, kaum stehe ich vor Mitternacht vom Schreibtisch auf. Und gewinne doch keine Sicherheit..."

Das Verhältnis zu Reinhard wurde nicht besser, aber ich hab's noch eine ganze Weile mit ihm versucht. Er hatte ja seine positiven Seiten. Als ich mich dann aber von ihm getrennt hatte, wuchs mein Selbstvertrauen. Ich stellte fest, daß ich nicht dümmer war als andere. Ich lernte, mit den Altgedienten besser umzugehen. Und mein Beziehungskreis außerhalb Bonns wuchs. Hier und im Ausland. Was war das denn, dieser afrikanische Sozialismus, von dem ich besonders aus Tansania hörte? Ob ich es an Ort und Stelle erfahren würde? Ich sollte eine zwölftägige Reise dorthin antreten, aber ich war im Zweifel, ob ich mich außerhalb der offiziellen Besuche und Begegnungen tatsächlich würde gewinnbringend im Land umsehen können. Mochten auch die Gespräche mit verschiedenen Persönlichkeiten interessant und aufklärend sein, - ich wünschte, mir von der Realität ein Bild zu machen. Da kam mir ein merkwürdiger Zufall zuhilfe: Kurz vor meiner Abreise wurde ich bei einem Abendempfang vom Gastgeber mit den Worten: "So, jetzt habe ich euch miteinander bekannt gemacht. Das Weitere besprecht ihr wohl untereinander", mit einem mir unbekannten Mann ins Gespräch gebracht. Der Unbekannte fragte ohne Umschweife: "Sie reisen nach Tansania?" Sein Blick schien mich dabei durch und durch zu prüfen. "Ja", sagte ich, "woher wissen Sie das" - "Ganz einfach: ich habe es erfahren. Ich lebe dort. Ich werde Zeit für Sie haben, wenn Sie wollen. Sagen Sie mir nur, wann Sie ankommen." - Bei meiner Ankunft in Daressalam war er zur Stelle. Der deutsche Botschafter musterte diesen sonnengebräunten untersetzten Mann erstaunt, - war er doch einer von jenen, die in der Fremde Heimat suchten, sie vielleicht sogar gefunden hatten, ein 'Halbafrikaner'. Seit Jahren war dieser Mann Projekterfinder und -leiter und zugleich Regierungsberater. Er hatte viele afrikanische Freunde und hielt sich in seiner Lebensweise mehr zu ihnen als zu den Europäern im Land. Er konnte mich gewiß bekannt machen mit den Menschen hier und ihrem Leben mit dem Sozialismus

Zunächst wurde ich, wie ich's mir gedacht hatte, vom Botschafter gut abgeschirmt. Der war ein älterer, etwas steifer Herr alter Schule und glaubte, mich überall hin begleiten zu müssen. Es ging ihm sichtlich gegen den Strich, eine Dame ganz ohne Begleitschutz sich umsehen und politisch informieren zu lassen. In seiner Gegenwart hatte ich Hemmungen, nach den Freiheitsbewegungen des südlichen Afrika zu fragen, die damals in Daressalam ihre Niederlassungen hatten, - wollte ich doch wissen, wie die tansanische Regierung zu ihnen stand und wie man die Zukunft für Südafrika, für Namibia und Zaire einschätzte. Und ob man mir die Bedeutung der sozialistischen Idee im Land erklären konnte. Aber, wie des öfteren, machte ich auch hier die faszinierende Erfahrung, daß die Antworten auf dieselbe Frage, wenn sie von verschiedenen Personen gegeben werden, sich letztlich wie ein Puzzle zum Bild fügen. Es blieben mir freie Tage, an denen es im Geländewagen des 'Halbafrikaners', der sich als Freund erwies, weit ins Land hinein ging. Weglose Fahrten über Baumwurzeln und Steine und durch Wasserläufe, bei denen ich die fremde Schönheit rund umher genießen konnte, eigenartige Vogelstimmen und das Gekreisch der Affen, die sich in den Baumwipfeln jagten, hörte. Einmal waren wir in ein Dorf geladen, ein 'Uhuru'-Dorf. 'Uhuru', das war der Freiheitsruf, der auch für das Bekenntnis zu Nyerere, dem Staats- und Parteichef und seinen Sozialismus stand. Die gesamte Einwohnerschaft, so schien es, erwartete uns am Eingang des Dorfes. Man begrüßte uns mit Jubel, nahm uns in die Mitte, und im Geschwindschritt liefen wir alle zum Strand hinunter. Der Lehrer, der den Zug anführte, stimmte einen begeisterten wilden Gesang an und alle fielen ein. Da ich in dem tiefen Sand nicht Schritt halten konnte, zog ich schnell die Schuhe aus. Endlich standen wir bei einem stattlichen Segelboot, das da vor Anker lag, still. Und von allen Seiten wurde mir erklärt, was es mit diesem Boot auf sich hatte. Mit Unterstützung des Freundes verstand ich, daß die Fischer bisher auf kleinen eigenen Booten hinausgefahren waren, daß aber vor der Küste oftmals eine böse Strömung die Boote weit hinausgezogen hatte und daß viele nicht mehr zurückgekommen waren. Dies Boot aber, von den Männern gemeinsam gebaut und gemeinsames Eigentum, war größer und seetüchtig. Jetzt war der Fischfang Gemeinschaftsarbeit, jetzt ging es voran! Ein paar Jungen waren an Bord geklettert und zeigten stolz, von Freudenrufen der Versammelten begleitet, auf Segel, Tauwerk und Anker. Ich gab meiner Bewunderung Ausdruck. Und einem Triumphzug gleich eilte die ganze Gesellschaft - ich in der Mitte - zum Dorfplatz. Da waren reihenweise Holzbänke aufgestellt. Als alle saßen, trat der Älteste - der so alt nicht war, aber als Parteifunktionär am Ort die traditionelle Funktion des Ältesten übernommen hatte - vor uns hin und hielt eine lange, flammende Rede:

Jetzt gelte es zu zeigen, was die gemeinsame Arbeit schaffen könne. Der Fischfang sei die Gemeinschaftsaufgabe für die Männer; die Frauen sollten eine Hühnerzucht voranbringen. Alle seien verpflichtet mitzuwirken. Und sie würden sehen, welch herrlicher Zukunft sie unter dem sozialistischen System ihres großen Lehrers, des Mwalimu Nyerere entgegengingen. Aber dem, der sich ausschließe, drohe strengste Strafe! Solche Rede kam mir unheimlich bekannt vor, - auch wenn es bei uns nicht gerade um Fischfang und Hühnerzucht gegangen war. Aber das Grundmuster ... Erschrocken fuhr ich aus meinen Gedanken auf, als plötzlich der wilde Schrei "Uhuru!" aus allen Kehlen erscholl. Danach wandten sich alle mir zu und riefen - ich wußte nicht, was. Aha, jetzt sollte ich reden. "Nur ein paar Sätze", flüsterte der Freund mir zu. Ich stand also auf und begann, ziemlich unsicher, meinen Dank auszusprechen für den überwältigenden Empfang. Ich erwähnte das Boot und die umherlaufenden Gemeinschaftshühner, ja, und wünschte guten Fortgang für die gemeinsame Arbeit. Und dann übersetzte der Freund. Er redete und redete - ich wunderte mich, daß ich so viel gesagt haben sollte. Die Zuhörer klatschten immer wieder begeistert Beifall. Dann erhoben sich alle. Drei Männer, unter ihnen der Älteste, führten uns in einen Hof; aus einem Wassertrog zogen sie drei mindestens armlange dicke Fische, so riesengroß, wie ich noch nie welche gesehen hatte, und überreichten sie mir feierlich. Den Gedanken, wo ich im Hotel mit Fischen hinsollte, durfte ich nicht zulassen: Gastgeschenke nimmt man dankbar an. Also zeigte ich meine Freude - überdies zwinkerte der Freund mir zu (was ich mir als "lassen

Sie nur, ich weiß schon Rat" übersetzte). Unter den zufriedenen Blicken der Umstehenden legten wir die Fische zwischen herbeigebrachte große Blätter sorgfältig ins Auto. Unterwegs dann hörte ich mehr vom Sozialismus, der keinesfalls etwas mit dem osteuropäischen Kommunismus zu tun haben wollte, sondern der sich als etwas durchaus Eigenes verstand. Auch wenn da die immer wieder zündende Idee des gemeinsamen Lebens und Schaffens war, die jeden mitträgt und alle miteinander zu unbekannten neuen Ufern und gleichzeitig Wohlstand für alle bringen soll. Für all das gab es in diesem jungen afrikanischen Land gewichtige Gründe: Nyerere wollte, nun, da sein Land 'unabhängig' war, sich wirkliche Unabhängigkeit erkämpfen. Er wollte sein Land unabhängig vom Wohlwollen oder der Begehrlichkeit der Industrieländer und unabhängig von der Weltbank aus eigener Kraft wirtschaftlich stabilisieren, wollte die fremden Einflüsse möglichst fernhalten, keine großen Investitionen von Ausländern, keinen Tourismus (oder doch fast keinen). Er begriff, daß solche Einflüsse geknüpft waren an Bedingungen der mächtigen Geldgeber, die sein Land weiterhin in Abhängigkeit halten würden. Und weil er auch begriff, daß er nicht viel Zeit haben würde, seine Idee durchzusetzen, versuchte er zu erzwingen, wozu die Menschen nicht freiwillig bereit waren. So verlangte er beispielsweise, daß sie ihre traditionellen, im Busch verstreuten Siedlungen aufgaben und größere Dörfer gründeten, um eine ökonomischere landwirtschaftliche Produktion zu ermöglichen. Diese Strukturreform bedeutete aber, viele alte Gewohnheiten und Bräuche aufzugeben, - und dagegen sträubte sich, auch wenn hohe Gefängnisstrafen drohten, ein großer Teil der Bevölkerung. Nyerere ging, wenn er es mit seiner unermüdlichen Überzeugungsarbeit nicht schaffte, die notwendigen Veränderungen voranzutreiben, mit großer Härte vor. Zerstörte er, der sein Land nicht überfremden lassen wollte, für seine Idee nicht sogar selber die alten gewachsenen Traditionen?

Während mich das alles auf der langen Autofahrt sehr nachdenklich stimmte, verbreiteten hinter uns die Fische in der großen Hitze einen immer nachdrücklicheren Gestank. Bei einbrechender Dunkelheit erreichten wir ein zweites Uruhu-Dorf, wo wir bereits in einer Halle erwartet wurden. Ich stolperte in die fast völlige Dunkelheit hinein, konnte erst allmählich im Schein einiger Öllämpchen viele dicht aneinander gedrängt sitzende Menschen unterscheiden. Und wieder die Begrüßungsrufe und lange leidenschaftliche Reden. Und dann wieder ich: schon mutiger geworden, hielt ich meine Gegenrede. Ein Trunk wurde gereicht. Er schmeckte fürchterlich. Ich konnte den Becher nicht leeren und ließ im Schutz der Dunkelheit den Rest der kostbaren Flüssigkeit vorsichtig in den Sand rieseln. Das war das erste Mal, daß ich etwas, was man mir anbot, wirklich nicht mochte. Unter kräftigen Uruhu-Schreien stiegen wir zu unseren Fischen - von denen der Freund dann unterwegs zwei verschenkte - in den Wagen und erreichten endlich wieder sein Häuschen, das nicht weit von der Stadt im dichten Schilf am Strand lag. Jane, die Gefährtin des 'Halbafrikaners', bereitete aus dem letzten Fisch ein köstliches Mahl, das auf der Veranda im Kreis von Freunden verspeist wurde. Eine lebhafte

Unterhaltung entspann sich: wie würde es weitergehen mit dem Sozialismus? Hoffnung und Zweifel wurden geäußert. (Wo ist sie geblieben, diese Hoffnung auf die dort so neue und schon so alte Idee? Was kann ein einzelner junger Staat, der noch dazu gegen inneren Widerstand kämpfen muß, gegen das die Welt beherrschende Kapital ausrichten?) Es wurde spät. Leise plätscherten sanfte Wellen im Schilf. Viele Fragen gingen mir durch den Kopf. Müde lehnte ich mich zurück und schaute hinauf zu den großen Sternen. Und zum Mond, einem goldenen Halbmond, der nach afrikanischer Weise auf dem Rücken lag. Denn in Afrika ist auch der Himmel anders.

## 28. Mit der Kuh am Strick

Unter interessanten Gesprächen brachte mich der Botschaftsrat vom Flughafen nach Lusaka hinein. Er erläuterte, welches die Schwerpunkte meines Informationsaufenthaltes sein würden. Was mich zunächst erwartete, erwähnte er nicht. Deshalb war ich erstaunt, daß er mich nicht zum Hotel brachte, sondern an einem von Menschen erfüllten Platz anhalten ließ. "Ist das hier ein Fest?", fragte ich. "Die Landwirtschaftsmesse", erklärte er. "Kommen Sie, wir müssen uns beeilen." Und er zog mich fast aus dem Auto. "Warum denn?", wollte ich wissen. "Sie müssen eine kleine Aufgabe übernehmen", antwortete er hastig und schob mich mitten in das Gewühl. Ein Mann trat uns entgegen und drückte mir, als ob es das Natürlichste der Welt wäre, energisch einen Strick in die Hand. Einen Strick, an dem eine Kuh festgebunden war. Eine schöne Schwarzbunte. "Und was, bitte, soll ich mit der Kuh?" Der Botschaftsrat bedeutete mir weiterzugehen. "Da vorne, das Podium, Sie werden schon erwartet." Schon hatte sich eine Gasse gebildet für die Kuh und mich. Ich protestierte: "Davon haben Sie mir nichts gesagt." Aber die Kuh ging weiter mit mir. Der Botschaftsrat wiederholte: "Man erwartet sie. Nur übergeben." "Wem denn?" "Dem Landwirtschaftsminister." Jemand flüsterte mir ins Ohr: "A present from the Federal Republic!" Auf dem Podium sah ich eine Gruppe von Männern, - welcher von ihnen mochte der Landwirtschaftsminister sein? Als wir näherkamen, trat einer vor: das mußte er sein. Rundherum gespannte Stille. Der Herr auf dem Podium verneigte sich, ich reichte ihm den Strick hinauf und sagte artig: "Your Excellency, I have the honour to present this cow to you." Und er sprach: "It is an honour for me, Madam, to receive it from your hands." Und sah sich hilfesuchend um, wer ihm den Strick abnehmen würde. Die Kuh stand geduldig da, jubelnd beklatscht von der Menge.

## 29. Gabun

Das alte, eigentlich schon ausgemusterte Flugzeug ist dem plötzlichen Gewitter preisgegeben: bald hinaufgerissen in die Wolken, bald nach unten den Baumwipfeln entgegengedrückt, hin und her geworfen hält es sich immer noch in der Luft. Zwischen den riesigen Bäumen glänzt heimtückisch Wasser herauf... Ich verliere das Interesse daran, ob und wo wir abstürzen werden, schicke mich drein. Fühle mich elend. Die heftigen Stöße des Flugzeugs sind kaum zu ertragen. Das stets gleiche Dasitzen der beiden Piloten vor mir ist vage Beruhigung. Wie erstaunt bin ich dann über die ruhige Landung, noch dazu am vorgesehenen Ort: Lambarene! Vorsichtig klettere ich aus der Maschine, stehe auf wackeligen Beinen. Aber die unangenehmen Empfindungen sind schnell; vergessen. Zu Fuß geht es einen kurzen Weg durch geheimnisvoll dichten, fremdartigen Tropenwald, dann liegt vor uns das Gelände der weltberühmten Urwaldklinik. Am Weg ein paar Hütten, etwas weiter talabwärts unverändert die Baracken, Albert Schweitzers Reich. Zwischen einzelnen hohen Bäumen seine Wohnhütte, die Klinikbaracken, der Speiseraum. Auch die große Glocke, die zur Medikamenteneinnahme geläutet wurde, zum Essen und zum Gottesdienst. Spartanische Einfachheit aller Einrichtungen ist das Prinzip bis an sein Lebensende geblieben. Ordination, Operationsraum und Labor ohne Wasser und Strom, - und doch hat er hier schwierige Operationen durchgeführt, schwere

Krankheiten geheilt. Hier unten am Fluß liegt mir die Hitze beklemmend schwer auf der Brust. Welch furchtbarer Aufenthaltsort für einen Europäer. Was war es, das diesen wunderbaren Mann bestimmt hat, sich gerade hier niederzulassen?

Die Geräte erscheinen mir sehr, sehr altmodisch. Ich sehe ihn vor mir, den alten Mann im weißen Kittel, wie er sich über einen Kranken beugt, der da auf dem Holzschragen liegt, eine Schwester hält die Petroleumlampe, eine andere ein Becken... Albert Schweitzer soll sich geweigert haben, moderne Apparate, die als Geschenke aus aller Welt ankamen, überhaupt auszupacken, er brauchte sie nicht. Noch immer gibt es kein Wasser, keine Toiletten. Wasser wird wie eh und je aus dem Ognefluß geholt und wieder hineingeschüttet. Unverändert sind auch die langen Krankenbaracken: Raum neben Raum mit jeweils ein oder zwei Lagerstätten, alle offen zu einer schmalen Veranda. So wie jetzt ich, ging hier einst der Doktor, um seine Patienten zu besuchen. Auch zur gegenüberliegenden Seite hin sind diese 'Krankenzimmer' offen, dort richten sich die Verwandten ein, um für ihren Kranken zu sorgen und ihm seine Mahlzeiten auf landesüblichen Kochstellen zuzubereiten. Sie hüten Leib und Seele, - ohne ihre Anwesenheit und Unterstützung würde dem alleingelassenen Kranken alle ärztliche Kunst nicht helfen. Albert Schweitzer hat dies verstanden. Die ganze Einrichtung entspricht dem. Wie ein Heiliger wurde er verehrt, - nicht zuletzt auch von seinen weißen Mitarbeitern. Es wird erzählt, daß sie bis zur Selbstaufgabe dienten und arbeiteten.

Wie Weihrauch liegt es denn auch über seiner

Wohnung. Dort empfangen mich Mama und Papa Li, chinesische Amerikaner, die über seinen Tod hinaus begeistert seinem Dienst leben. Treu bewahren sie die asketische Klause des alten Mannes: als sei er nur gerade weggegangen, liegen auf seinem Schreibtisch Brille, Taschenuhr und sein aufgeschlagenes Tagebuch. Darüber baumeln, festgeklammert an Wäscheleinen, Manuskriptseiten. "Die mußte er vor seinen neugierigen Gazellen schützen", kichert Papa Li, und Mama Li sagt mit Rührung: "Wie er die Gazellen liebte! Sie gingen ein und aus bei ihm!" Ich betrachte das weißbezogene Bett, den Moskitoschleier darüber, den 'Schrank' - eine einfach Holzkiste, darin die weißen Hemden, der Tropenhelm, die Bücher... Nur die Orgel fehlt. Da stehe ich, ein Eindringling in der kleinen und doch so großen Welt eines anderen Menschen, zwischen Mama und Papa Li, die mit leuchtenden Augen dies und das vorweisen, und versuche mir vorzustellen, wie durch die geöffneten Fenster Bachs strenge gewaltige Orgelmusik in die Tropennacht hinausströmte...

Vom Krankenhausdorf auf seinem feuchten Waldgrund dicht am Fluß geht es den Hang hinauf ins Städtchen - ob es den Namen verdient, weiß ich nicht. Dort ist in einem zugigen Saal die Tafel gedeckt: ich sitze - Willkommen und Dank ausgesprochen - dicht gedrängt mit vielen örtlichen Würdenträgern zum Mahl. Stark säuerlicher Brei wird aufgetragen, etwas wie Kartoffelsalat, blaue salzige Pflaumen, zu Gemüse gekocht, Huhn. Rund um den Tisch Schweigen, Essen und - Schwitzen.

Und dann der Rückflug nach Libreville, der noch sehr dörflichen Hauptstadt. Wenn sich der Staatspräsident von Gabun, Bongo, in seinem Mercedes durch die Straßen rasen läßt, können Mensch und Vieh sich nur mit Glück und wilden Sprüngen retten. Schlimmer noch ist es, wenn er 'dienstlich' unterwegs ist, zum Beispiel um eine hochgestellte Persönlichkeit am Flugplatz in Empfang zu nehmen. Denn dann müssen seine Minister, der Parlamentspräsident, der höchste Richter und andere Personen von Rang sowie sämtliche akkreditierten Botschafter in ihren Wagen ebenso schnell hinter ihm herfahren, - eine verrückt lange Autokette, die dichten Staub aufwirbelt und die Anwohner in Gefahr bringt. Bongo, der Herrscher, residiert in einem gewaltigen Palast. Besucht man ihn, muß man mehrere Vorsäle, in denen zahlreiche Personen sich aufhalten, durchqueren. Mir wird die Ehre zuteil, zugelassen zu werden. Gemeinsam mit dem deutschen Botschafter schreite ich auf rotem Teppich eine breite Treppe hinauf. oben ein weiterer respektgebietender Vorsaal - im Rokokostil. Wir werden gebeten, Platz zu nehmen. Nach angemessener Zeit öffnet sich eine Doppeltür, wir steigen drei Stufen hinunter und befinden uns in einem Saal von gewaltigem Ausmaß. Zum Meer hin eine lange Fensterfront, am fernen Ende hinter übermäßig großem Schreibtisch ein Thronsessel, darauf der Präsident. An der Wand hinter ihm sein lebensgroßes Portrait. Und überall Napoleonbüsten! Bongo läßt mir Zeit, mich von all dem beeindrucken zu lassen. Dann erhebt er sich - ein neuer Napoleon?? Drahtig, in eleganten halbhohen Stiefeln mit hohen Absätzen kommt er daher, klein ist er dennoch - und wirkt eher verloren in seinem pompösen 'Arbeitssaal'. Er würdigt uns einer kühlen Begrüßung. Der Botschafter, bereits damit vertraut, scheint auch nicht darüber erstaunt zu sein, daß der Präsident sogleich heftige Schmähungen gegen ihn und die Bundesrepublik auszustoßen beginnt. Man müsse die Wirtschaftskontakte verbessern, seine Wünsche dürften nicht länger mißachtet werden, dies gelte auch für Frankreich. Gabun sei nicht jedermanns 'chausse-garde' - ob er 'Fußabtreter' meint?? -, Frank-reich habe als früheres Mutterland besondere Pflichten, aber abhängig sei man von ihm keineswegs. Im Gegenteil, Gabun behaupte seine Eigen-ständigkeit, auch im Verband der afrikanischen Länder... Mir ist nicht so recht klar, warum ich mir diese rüde Prahlerei länger anhören soll. Als er, wie ein Hahn auf seinen hohen Absätzen vor uns herumstolzierend, endlich eine Atempause einlegen muß, erhebe ich mich, äußere die besuchsüblichen Höflichkeitsfloskeln und wende mich den fernen drei Stufen zu. Der Botschafter, ein wenig überrascht aber sichtlich erleichtert, folgt mir. "Ja", seufzt er, "man muß sich hier in einiges fügen." - "Was mir schwerfallen würde", sage ich, und er lacht.

Der Staatspräsident duldet unter sich ein Parlament: siebzig Abgeordnete, alle von der Regierungspartei, ihr Präsident ein jovialer dicker Mann mit großen Gesten. Mit dem Vize-Staatschef endlich gelingt ein politisches Gespräch: über die beunruhigende Lage in Angola, über Bemühungen der Afrikanischen Staatengemeinschaft um solidarische Zusammenarbeit, über deutsche Entwicklungshilfe. Nicht zuletzt besteht ja der Sinn einer solchen Politikerreise darin, Informationen zu bekommen und zu geben, die gegenseitigen Beziehungen auszubauen oder zu verbessern (!) und sich ein möglichst klares Bild über das Land und seine Situation zu verschaffen.

Es ist heiß in Libreville. Aber da die Stadt an der Küste liegt, gibt es doch auch immer wieder den kühlenden Luftzug, der die am Ognefluß herrschende feuchte Schwüle nicht aufkommen läßt. Bongo, im übrigen, schätzt das Urwaldkrankenhaus nicht. Er setzt auf ein modernes Kreiskrankenhaus - nur: die Bevöl-kerung lehnt das ab. Jedenfalls wäre Bongo froh, würden die Spenden aus Europa und Amerika allmählich ausbleiben, denn damit würde Schweitzers Lebens-werk in absehbarer Zeit nur noch Museum sein - und vermutlich bald auch ganz vom Urwald verschluckt. - Wir fahren auf einem schmalen Weg weit in den ehrfurchtgebietenden dichten Wald hinein. Eine Forst-schule soll besucht werden, - ein Projekt, an dem deutsche und französische Experten gemeinsam beteiligt sind. Man empfängt uns freundlich, bietet uns Tee an, erklärt die Einrichtung und ihr Ziel: es geht darum, junge Afrikaner auszubilden und sie zu befähigen, die Hege und Pflege des Waldes eigenständig zu übernehmen. Der deutsche Förster lädt uns ein, mit ihm eine Strecke durch sein Revier zu gehen. Wo er uns nun vom Weg dem einzigen Zugang zur försterlichen Einsiedelei seitwärts an die grüne Blätterwand heranführt, kann ich keinen Pfad entdecken, aber der Förster beteuert, er gehe hier fast täglich, schlage die Schlinggewächse mit seiner Machete auseinander, - nur wachse der Pfad eben fast genauso schnell wieder zu. Wir folgen ihm auf dem Fuß und schon nach wenigen Schritten ist ein enges Geflecht von dunklem Grün um uns und über uns. Kein Licht von oben, kein Sonnenstrahl. Hier und dort kann ich Baumstämme unterscheiden. Die Luft steht unbeweglich und feucht. Mir wird das Atmen schwer, ich muß mich zusammennehmen und in der engen Dämmerung weiterstolpern, um den Anschluß nicht zu verlieren. Es geht über Wurzeln, herabgefallene Äste, durch Wasserläufe und Tümpel - und es ist herzbeklemmend still. In all dem erdrückenden Grün kaum eine Blüte. Auf dem Boden vor uns riesengroße Tausendfüßler und Spinnen, rot und giftig. Und nun doch ein unheimlich gellender Schrei. "Ein Nashornvogel", sagt der Förster. "Es gibt", sagt er, "hier etwa fünfhundert Baumarten, und niemand kennt sie alle. Am Blattwerk sind die nicht zu bestimmen, weil von unten nicht auszumachen ist, welche Blätter zu welchen Bäumen gehören. Die Baumkronen sind eng ineinander verflochten." Er greift nach ein paar herabgefallenen Früchten. Damit; führt er aus, gelingt es manchmal, einen Baum zu bestimmen. Das sicherste Mittel jedoch sei es, mit der Machete eine Kerbe in die Rinde zu schlagen, denn Rinde und Holz geben die Eigenart des Baumes preis, vor allem aber das Harz, das aus der Wunde tritt. Manchmal ist es weiß, manchmal 'bluten' die Bäume auch rot. Mit dem einen lassen sich Fackeln machen, mit dem anderen kann man Blut stillen, und aus den roten Stämmen werden die 'Tam-Tam' ausgehöhlt. Fast vergesse ich, wie schwer mir das Atmen hier war. Aber ich bin doch froh, als wir wieder auf den Platz vor dem Forsthaus heraustreten und höre mit nachträglichem Schauder, daß Fremde sich nur mit dem Kompaß in diesen Wald wagen dürfen, - eine Überlebenshilfe, die die Einheimischen nicht brauchen. Helles Tageslicht wieder. Während wir im Forsthaus Tee trinken, schlägt jemand das Tam-Tam. Und da ist Madam Mba, die uns zeigt, wie die Töne den Tänzern sagen, wann langsame, wann schnellere Schritte geboten sind. Noch, sagt sie, wird auch gelehrt, die Botschaften, die ein Tam-Tam weit in die geheimnisvolle Dämmerung der endlosen Wälder aussendet, zu verstehen. Am nächsten Tag geht es zur Holzfabrik in Port Gentil. Wasser und Sumpf. Und überall Baumstämme. Hier werden die kostbaren meterdicken, riesenlangen Stämme geschält, auseinandergeschnitten zu dünnen Holzstückchen, und dann werden daraus - Preßplatten! Achtzig bis hundert Jahre alt seien diese herrlichen Stämme, die keine Jahresringe haben, erklären die Fachleute. Preßplatten! Bongo will es so. Er will verkaufen. Man holzt rücksichtslos ab, legt ganze Flächen kahl. Aber wozu braucht es dann eine Forstschule? Dieses von Ausländern betriebene und bezahlte, gutgemeinte Projekt? Mir ist elend zumute, wie ich über die unzähligen, halb im Wasser liegenden Stämme zur Fabrik hinüberschaue. Zerstörung als Fortschritt. Und nicht nur hier...

Der letzte Abend im Garten des Botschafters. Alle, die ich hier kennengelernt habe, Einheimische und Ausländer, sind geladen. Eine bunte, interessante Gesellschaft, wechselnde Gespräche, Gläserklingen, Abschied. Nicht fern rauscht das Meer, steht der Präsidentenpalast unter dem sternleuchtenden Tropenhimmel.

## 30. Ausgezeichnet

Ich habe einen Orden - und wollte doch nie einen annehmen! In Bonn habe ich das Bundesverdienstkreuz abgelehnt. Der unterste Rang wurde mir angeboten, aber: warum überhaupt? Besondere Verdienste nach drei Hinterbänklerjahren? Das war doch Hohn! Nein, das Angebot folgte der Routine und dem Proporz: jedes Jahr wurden soundsoviele CDU-, CSU-, SPD- und FDP-Leute ausgezeichnet, davon soundsoviele Männer und der Rest Frauen. Wirklich eine hohe Ehre! Jetzt hab ich aber diesen Orden mit buntem Band im Schächtelchen, der mich zum Offizier der Ehrengarde Gabuns macht. Und die Trageerlaubnis vom Bundespräsidenten hab ich schwarz auf weiß. Die brauche ich nämlich, wenn ich geschmückt damit auftreten will. Allerdings habe ich seither noch nie gewußt, zu welcher Gelegenheit das angebracht sein könnte. Der Orden wurde am Ende einer Delegationsreise nach Gabun jedem von uns verliehen, und da war es ein Gebot der Höflichkeit ihn anzunehmen. Wir waren überrascht, als während eines großen Empfangs die Ordensverleihung angekündigt wurde, und wie wir's uns auf dieser Reise bei offiziellen Anlässen angewöhnt hatten, nahmen wir sofort unsere Geh- und Stehordnung ein: wir reihten uns der Würde und dem Alter gemäß nebeneinander. Feier-lich trat nun der schwergewichtige Parlamentspräsident des Landes auf uns zu, umarmte uns der Reihe nach, drückte jedem seine schweißkalte Wange ins Gesicht, sprach mit spürbarer Bewegung die

Worte der Verleihung: "... je vous fais officier de la garde d'honeur du Gabogn..." und übergab die Orden. Mir steckte er ihn leider mit der dicken, auf der Rückseite angebrachten Nadel (das Modell für Damen) mit zittriger Hand fest durchs Kleid - es gab ein Loch. Aber was bedeutete das schon angesichts der Ehre!

# 31. Angola

Angola - 1975 unabhängig geworden - hat eine eigene Übergangsregierung und noch den portugiesischen Hochkommissar, der wie ein Staatsoberhaupt wirkt. Und drei ehemalige Befreiungsbewegungen, die sich jetzt 'Parteien' nennen. Seit Jahren haben sie im gemeinsamen Kampf gegen Portugal um Einigkeit gerungen, aber jetzt finden sie sich nur einig über das, worin sie nicht übereinstimmen. Aus den vielen Gesprächen mit hohen Vertretern dieser Parteien, mit solchen der Regierung, mit dem Hochkommissar und den deutschen Konsulatsangehörigen wird nur zu deutlich, daß sich das Land in heilloser Verwirrung befindet. Eigentlich ist es reich an Bodenschätzen, aber ausländische Gesellschaften beuten den Reichtum aus. Die Parteien malen der Bevölkerung, die arm ist und nicht weiß, wie sie wählen soll, gute Zukunftsaussichten aus. Zugleich werden die Menschen handgreiflich bedroht, wenn sie nicht schwören, die gerade anwesenden Zukunftsmaler wählen zu wollen. Dabei fehlen für die Wahl selbst praktisch alle Voraussetzungen. Das Leben wird immer gefährlicher: überall im Land sind Unruhen, Überfälle, Mord und Totschlag an der Tagesordnung. Im Hafen rosten die Schiffe, angelandete Fracht vergammelt auf dem Kai. Und in der Stadt verbarrikadiert jeder sein Haus so gut er kann, nachts geht man nicht mehr auf die Straße. Das deutsche Konsulat gleicht einer Festung: Stahltüren und Eisengitter sind angebracht worden und der Konsul bemüht sich um eine eigene Wache. Und hat doch in seinem Verhau vier Maschinengewehre und Lebensmittel für mindestens zwei Wochen gelagert. Und bei all dem doch eine Abendeinladung! Da kamen deutsche Kaffeefarmer, deren Familien seit Generationen in Angola anbauten. Ganz anders als die Namibiadeutschen waren hier im Land die Deutschen integriert, Rassenvorurteile kannten sie nicht, - ja, sie schämten sich der Namibiadeutschen und nannten deren Verhalten 'faschistisch'. Mitten in diesem aufgewühlten, von inneren Kämpfen zerrissenen Land lebt die alte Baronin L. Fast achtzigjährig, bewirtschaftet sie, die als einzige von ihrer Familie übriggeblieben ist, ihre riesengroße Kaffeepflanzung. Sie lebt weit draußen im Busch allein in ihrem Haus und regiert über acht Angestellte und Hunderte von Arbeitern aus den umliegenden Dörfern Pflanzerische Leitung, Buchführung, Verkauf - alles macht sie selber. Um den geselligen Abend in Luanda nicht zu versäumen, ist sie, allein, ohne Begleitung, drei Autostunden hergefahren. Der Verkehr untereinander, sagt sie, sei heutzutage so selten geworden... "Sie fürchten nicht, überfallen zu werden?", frage ich. "Nein, das ist mir noch nie eingefallen", sagt sie trocken. "Aber Sie haben doch Telefon im Haus, falls Sie einmal Hilfe brauchen sollten?" "Telefon? Wozu denn? Ich habe noch nie Hilfe gebraucht. Es genügt, daß ich meinen Leuten bei Krankheitsfällen weitgehend selber helfen kann. Wenn's schlimmer ist, fahre ich sie in die nächste Stadt zum Arzt." Und dann, weil sie meine Verwunderung über so viel Kaltblütigkeit spürt, fügt sie hinzu: "Wissen Sie, ich kann meinen Leuten vollkommen vertrauen und sie vertrauen mir. Was sie

wählen werden, wenn es zur Wahl kommt, ist ihre Sache. Sie wissen, daß sie bei mir ihr sicheres Brot verdienen. Mein Kaffee verkauft sich gut, - eine Sorte übrigens, die ich selber nicht mag." Herr von K., ein anderer Kaffeepflanzer, ist längst nicht so gelassen. Er scheint seiner Leute nicht so sicher zu sein und er sorgt sich, wie es mit seiner Pflanzung weitergehen soll. Leoparden und Wildschweine verheeren ihm die Ländereien und dezimieren den Viehbestand. Weil er als Weißer keine Waffen haben darf, kann er nichts gegen sie unternehmen.
Die Baronin wirft ein: "Ich habe natürlich Waffen!" Herr von K. schüttelt den Kopf: "Eine erstaunliche Frau, die offenbar mitsamt ihrer Pflanzung den vollen Schutz ihrer Leute genießt. Na - und wenn man sie abends besucht, findet man sie beim Diner. Ihr Butler bedient mit weißen Handschuhen und sie sitzt im Abendkleid allein am kerzengeschmückten Tisch..."
Schließlich gab's noch einen Besuch im Hauptquartier einer der drei Parteien, der MPLA. Zur Begrüßung marschierte eine uniformierte Kindergarde auf, Siegesrufe schreiend, - Kinder, zu Kämpfern gedrillt, für irgendeine Ideologie mißbraucht, der Kultur ihrer Herkunft entfremdet. Immer wieder und überall das Gleiche! Unglücklich schaute ich in all die strahlenden dunklen Gesichter. Und hatte Mühe, auf die Willkommensansprache eines der Funktionäre eine freundliche Erwiderung zu finden.

Diese Reise hatte mich drei Wochen lang kreuz und quer durch Afrika geführt. Überall die jungen Länder, die sich aus der Hinterlassenschaft ihrer Kolonialherren mühsam zu lösen versuchen, die ihr eigenes Gesicht gewinnen wollen und dabei einen riesenhaften Aufbau leisten müssen. Überall fehlt oft die einfachste Infrastruktur. Die Politiker sind unerfahren, aber sie begreifen, daß für ihre Länder zwei Dinge am wichtigsten sind: Bildung und Wirtschaft. Und keines dieser Länder ist wie das andere, - wievielen Menschen war ich begegnet, wieviel hatte ich von ihnen erfahren, und doch, je besser man Afrika kennenlernt, um so schmerzlicher begreift man, wie wenig man versteht.

## 32. Konferenz in Bissao

An einem heißen Morgen stieg ich aus dem Flugzeug, das mich im Nachtflug von Lissabon nach Bissao gebracht hatte. Benommen stand ich auf dem sonnengleißenden Flugfeld, meine übernächtigten Augen konnten das Licht kaum ertragen. Ein junger Mann überreichte mir die Kongreßpapiere, - ich war als Gastdelegierte geladen zum ersten Parteikongreß der früheren Widerstandsbewegung, die nach blutigen Kämpfen gegen die Portugiesen den jungen Staat in die Unabhängigkeit geführt hatte. Jetzt war sie die Staatspartei, ihre verdienten Kampfführer bildeten die Regierung. "Wir müssen gleich zur Versammlungshalle fahren", sagte - auf Französisch - der junge Mann, dessen Aufgabe es war, mich zu betreuen. "Nein", entgegnete ich, "ich möchte zuerst ins Hotel. Ich muß mich umziehen und frisch machen." Nur widerwillig tat er mir den Gefallen, denn "der Kongreß beginnt sofort". In meinem Zimmer fegte eine Frau mit einem Reisigbesen den Steinfußboden, stellte ihre Arbeit aber ein, als ich meinen Koffer öffnete und ein leichtes Kleid herausnahm. Sie schaute auch gespannt zu, als ich im kleinen Waschraum den Wasserhahn aufdrehte und unter dem allerdings spärlich fließenden Wasser meine Hände zu waschen begann. Als ich die Hände eingeseift hatte, tropfte der Wasserhahn nur noch ein bißchen, kurz darauf gar nicht mehr. Schon klopfte der junge Mann an die Tür und forderte mich auf, mich zu beeilen, denn wir sollten pünktlich an Ort und Stelle sein. Die Frau und ich sahen einander an - wer doch portugiesisch sprechen könnte! "Aqua?" fragte ich schließlich zaghaft und sie verstand und schüttelte den Kopf und machte mit allerhand Zeichen deutlich, daß es keines gäbe. Daran war kein Zweifel. So wischte ich denn die Hände am Handtuch ab und eilig ging's zur, wie ich hörte, gerade gestern fertiggestellten Versammlungshalle. Auf der Gästetribüne wurde mir ein Platz angewiesen zwischen anderen Geladenen aus West- und Osteuropa und von überall her aus Afrika. Ein strenges Protokoll erlaubte uns nicht, den Platz zu verlassen. So saßen wir denn und warteten. Eine Stunde, zwei Stunden. Inzwischen überfiel mich bleischwere Müdigkeit ich hatte ja seit gut vierundzwanzig Stunden nicht geschlafen. Wenn man wenigstens etwas trinken könnte! Endlich der feierliche Einzug der Staats- und Parteigrößen. Nun folgte Rede auf Rede - ein Ende war nicht abzusehen. Und alles auf Portugiesisch. Mit aller Kraft kämpfte ich dagegen, daß mir der Kopf nicht auf den Tisch sank. Den gemeinsamen Kopfhörer für die Simultanübersetzung ins Französische hatte ich längst meinem algerischen Nachbarn überlassen. Ich konnte mich nicht mehr zum Zuhören zwingen. Mittag war schon vorbei, als es endlich eine Pause gab. Aufstehen, sich recken! Da kam aus den hinteren Reihen unserer Tribüne ein großer Mann auf mich zu, sah mich eindringlich an und sagte: "Das ist Frau Bothmer! Ja, wir hier in Afrika kennen Sie!" Und er nahm meine beiden Hände und drückte sie kräftig. "Wir hier in Afrika!" Ich schaute ihn an, diesen Mann vom anderen Ende des großen Kontinents, der mir mit seinen Worten ein so unermeßliches Geschenk brachte. Und ich spürte nichts mehr von Erschöpfung.

## 33. Versprechungen

Der Staatspräsident wollte mich sprechen! Sicher nicht, weil er in mir eine besondere Person ausgemacht hatte, nein, weil ich Abgeordnete einer der Regierungsparteien meines Landes war. Und weil er sein Anliegen direkt nach Bonn überbracht haben wollte. Im Verlauf der dreitägigen Konferenz in Bissao hatte ich nur einmal kurz mit ihm geredet. Nun, am letzten Abend, saß ich mit ein paar Delegierten beim Essen, als ein Bote an den Tisch kam: "Morgen möchte der Präsident Sie sprechen!" "Oh", antwortete ich, "das geht nicht, denn ich fliege schon um neun Uhr ab." Der Bote ging, erschien aber nach kurzer Zeit wieder: "Es wird gehen, der Präsident wird um acht Uhr in seinem Büro sein. Sie werden dorthin gebracht." "Aber dann erreiche ich den Flug nicht mehr!" "Dafür wird gesorgt", erklärte der Bote. "Der Pilot erhält Anweisung, nicht zu starten, bevor Sie an Bord sind." - Nicht zu glauben: eine Verkehrsmaschine, die auf mich warten und meinetwegen den Flugplan in Unordnung bringen sollte! Die Gesellschaft am Tisch lachte. Allgemeine Meinung war, das sei gerechtfertigt. Um acht Uhr früh saß ich dem Präsidenten gegenüber. Er trug mir noch einmal die schwierige Lage seines eben 'unabhängig' gewordenen Landes vor. Er betonte, daß er die so bitterschwer erkämpfte Freiheit nicht für eine neue Abhängigkeit an eine der Supermächte hergeben wolle. Er bat um politische Unterstützung dieser Haltung. Dann ging es um konkrete, eigentlich bereits zugesagte 'Soforthilfe' für zwei der wichtigsten Aufbauprojekte: Instandsetzung des Elektrizitätswerks und Trockenlegung eines durch den Freiheitskampf überschwemmten Landstreifens, Reisfelder, auf denen Salzwasser stand. Reis war eines der wichtigsten Nahrungsmittel... Ich sagte dem Präsidenten zu, mich in Bonn sofort um die beiden Projekte zu kümmern und seine politische Erklärung zu überbringen. Befriedigt schlossen wir unsere Unterredung ab und ich wurde zum Flugplatz gebracht. Das Flugzeug wartete startbereit. Um neun Uhr und fünfundvierzig Minuten wurden die Motoren angeworfen. Wieder in Bonn, setzte ich mein Versprechen sogleich in die Tat um: ich sprach mit dem Minister für Wirtschaftliche Zusammenarbeit, der nicht wußte, warum die beiden 'Soforthilfemaßnahmen' noch nicht in Angriff genommen worden waren. Er versprach schnelles Handeln. Ich sprach mit dem Außenminister, ich schrieb einen ausführlichen Bericht, den ich beiden Ministern und der Fraktion übergab. Von einem Attaché der Botschaft in Dakar, die auch für Guinea Bissao zuständig war, erfuhr ich nach Monaten: nichts aus Bonn sei in Bissao verlautet und nichts sei geschehen. Ich rief im Ministerium für Wirtschaftliche Zusammenarbeit an und erregte den Unwillen des zuständigen Beamten, der sich offensichtlich von naseweisen Abgeordneten nicht dreinreden lassen mochte. Es werde schon alles in Ordnung gehen. Es sei aber äußerst dringlich, sagte ich. Ja, das wisse man. Ich wandte mich wieder an den Minister. Ich hielt ihm vor, es sei unerhört, wie hier Vertrauen verspielt werde, unerhört, wie wir einen jungen Staat, der unsere politische Unterstützung suchte, im Stich ließen. Als wollten wir ihn den Supermächten, die überall ihr egoistisches Spiel, ihren Machtkampf betrieben, zum Fraß vorwerfen. Ich hatte gesehen, daß die UdSSR dort schon sehr stark vertreten war... Wozu überbringt man denn als Abgeordnete Hilferufe aus einem Land, in das man geschickt worden ist? Ja, und dann kam heraus, daß die gesamte Akte 'Soforthilfe' mitsamt meinem Bericht unter "Guinea" einem ganz anderen Land - abgelegt worden war! Mich packte, weiß Gott, die kalte Wut. Nicht nur, weil ich wortbrüchig und blamiert war...

## 34. Bissao - Kap Verden

Ein andermal saßen wir abends zu dritt - zwei Kollegen und ich - auf der Terrasse des altmodischen Tropenhotels in Bissao. Wir hatten Durst und baten um Wasser, - die Alternative war Bier, das ich sowieso nicht mochte, das aber auch die beiden anderen hier nicht schätzten. Endlich verstand der Kellner: aqua! Er ging zum Wasserhahn und füllte drei Gläser. 'No!', sagten wir, denn wir wußten, daß unabgekochtes Wasser hier gefährlich sein konnte. 'Wasser aus Flaschen!' Es dauert lange, bis der Kellner begreift. Schließlich nimmt er kopfschüttelnd die drei Gläser vom Tisch und füllt ihren Inhalt in eine leere Flasche. 'Diese Fremden', mag er gedacht haben. Reumütig baten wir um Bier...

Ich hatte, wie man mir versicherte, das komfortabelste Zimmer im Haus: das Fenster ging zum angeblich kühlen Innenhof hinaus, an dem auch die Küche lag. So genoß ich von dort die vielfältigen Gerüche und das Geschirrklappern und Lachen und Schwätzen bis spät in die Nacht. Das Zimmer hatte einen Luftwirbler, der bei jeder Umdrehung einen dröhnenden Schlag tat. Ich bat, ihn abzustellen, wollte lieber die drückende Hitze ertragen. Das Zimmer war aber auch mit einer Toilette versehen, die, wie sonst vielleicht ein Sessel, neben dem Bett stand und fürchterlich stank. Daß diese Einrichtung immerhin komfortabler war, als den langen Gang ins Freie hinausgehen zu müssen, versteht sich!

Zwei Tage lang waren wir durchs Land gefahren.

Wir hatten die fast unberührte Schönheit fremdartiger Wälder gesehen, die weite schilfbewachsene Wildnis der Flußmündung, wir waren in einsamen Siedlungen gewesen, - unser Auftrag war, in Erfahrung zu bringen, wo deutsche Entwicklungshilfe eingesetzt werden könnte. Dafür gab es Gespräche mit Bürgermeistern, mit Leitern bescheidener Werkstätten, mit Lehrern und, wieder in der Stadt angekommen, mit verschiedenen Ministern.

Am Morgen des vierten Tages sollten wir abreisen. Ein kleines Privatflugzeug sollte uns zu den Kap Verden fliegen, nach Praia, der Hauptinsel. Wir hatten noch nicht gefrühstückt, als ein eiliger Bote erschien, der erklärte, er habe den Auftrag, uns sofort zum Flugplatz zu bringen, - frühstücken könnten wir dort. Wir holten unser Gepäck und los ging's in schneller Fahrt durch dichten Staub. Es war ein weit abgelegener Platz, zu dem wir gebracht wurden, und da stand ein einziges kleines Flugzeug. Kein Mensch weit und breit, kein Gebäude, in dem es Frühstück gegeben hätte. Unser Fahrer nötigte uns, sogleich einzusteigen, die Piloten seien schon da. (Im Flugzeug waren sie allerdings nicht.) Und er schloß die Türe hinter uns. In dem engen Gehäuse wurde es heißer und heißer, nichts regte sich, die Türe ließ sich von innen nicht öffnen. Gefangen! Fast zwei Stunden saßen wir da, in denen wir uns, um uns abzulenken, die Abenteuer der letzten Tage noch einmal erzählten: wie das mit Menschen und Tieren überladene flache Floß den reißenden Fluß überquerte, wie Gerhard schnell einen Krokodilskopf, der aus der Flut aufgetaucht war, fotografieren wollte und wie ihm dabei die Vorsatzlinse zum Fraß für das Krokodil ins Wasser fiel, wie wir auf einem schilfigen Gewässer in einen Einbaum steigen durften, der durch unsere hastigen und ungeschickten Bewegungen derart ins Schwanken kam, daß wir bis zu den Hüften naß wurden... Wie gut hätten wir in dieser langen Wartezeit frühstücken können! Endlich erschienen zwei freundliche Männer, die Piloten. Kommentarlos warfen sie den Motor an und starteten. Niedrig über unwegsamen Wald rumpelnd trug uns das alte Ding nach Dakar. Zwischenlandung. Nicht, daß wir darauf vorbereitet gewesen wären! Aber wir durften aussteigen. Die Piloten machten uns klar, daß sie in die Stadt müßten, um Geld zu holen. Spätestens in zwei Stunden seien sie wieder zurück. Da es inzwischen bald auf Mittag zuging, hätten wir wirklich gern etwas zu essen gehabt. Wir kratzten also, was uns noch von der ersten Station unserer Reise an senegalesischem Geld geblieben war, zusammen, und es reichte gerade für drei belegte Brote und Kaffee. Damit ließ sich wenigstens der gröbste Hunger stillen.

Die angesagten zwei Stunden waren längst verstrichen. Ungeduldig warteten wir darauf, daß unsere Piloten wieder auftauchten. Wir hatten doch nur diesen einen Tag für Praia, kannten die früh einbrechenden Abende... Schließlich beschloß ich, mich im Flughafengebäude auf die Suche nach ihnen zu machen. Als ich ahnungsvoll eine Tür mit der Aufschrift 'Nur für Personal' öffnete, wurde ich fündig: da saßen die beiden tatsächlich, umgeben von vielen Schüsseln und Gläsern und schmausten gemütlich! Ich ließ ihnen keine Zeit mehr, über meinen Anblick zu staunen, - in welcher Sprache ich meinem Zorn Ausdruck gegeben habe, weiß ich nicht mehr, aber sie verstanden mich gut. Nach kaum zehn Minuten hob sich die Maschine mit uns in die Luft. Es kam mir jetzt vor, als klapperte und schwankte sie noch viel stärker als vorher. Wäre sie auseinandergebrochen - es hätte mich nicht gewundert. So weit der Blick aus dem Fenster reichte, war nur Wasser zu sehen, unendliches Meer. Die Küste war längst verschwunden, von irgendeiner Insel keine Spur auszumachen.

Die Sonne neigte sich schon, als die Piloten die Landung anzeigten. Wo nur? Es dauerte noch ein paar Minuten, bis ein schwarzer Punkt auftauchte, der größer wurde - ein Berg. Sollten wir auf seiner Spitze aufsetzen? Aber nein: hinter dem Berg gab es einen kleinen Platz, und haargenau mitten darauf brachten diese sonst so unzuverlässigen Burschen die Maschine zum Stehen. Und da waren auch Würdenträger der Stadt, die uns in Empfang nahmen. Ob sie den ganzen Tag hier auf uns gewartet hatten? Selbstverständlich war es nun dunkel, aber die Herren waren liebenswürdig genug, doch noch eine Rundfahrt mit uns durch die Stadt und die am Abhang des schwarzen Berges aufsteigenden Straßen zu unternehmen. Bis in die Gärten hinein, in denen allerlei Grün und Blumen zu wachsen schien, reichte die Lava. Unten in der Stadt und am Hafen hatten wir Bäume gesehen, was uns um so mehr verwunderte als wir erfuhren, daß hier seit sieben Jahren kein Regen mehr gefallen war. Man erzählte uns, daß es tiefe Brunnen gab und daß man sogar weiter oben am Hang eine Gemüsekultur angelegt hatte. Der Hafen aber, früher ein wichtiger Anlaufplatz für Schiffe auf weiter Fahrt, die hier Brennstoff aufgenommen hatten, lag jetzt bis auf wenige Fischerboote still und ausgestorben da. Es wurde noch spät an jenem Abend. Da die Verwaltung der weit auseinanderliegenden Inseln auf Praia war, hielten uns Herren der verschiedensten Ressorts ausgedehnte Vorträge - und endlich, endlich lud man uns zu einem Mahl. Am nächsten Morgen habe ich alleine noch einen kleinen Rundgang gemacht: im Tageslicht verstärkte sich mir der Eindruck vom Abend, daß dies hier eine Art 'Zwischenwelt' sei, weder Afrika noch Europa. Von beidem geprägt, und doch anders. Und als wir auf dem Weiterflug dann auf der Insel Sal zwischenlandeten, glaubte ich zu wissen, wie es dort, wo im Märchen 'das Ende der Welt' ist, aussieht, - ich sah weder Baum noch Strauch, nur graue Einöde bis hinunter ans Meer.

## 35. Kamerun

Auf dem Weg mit dem Wagen vom Flugplatz zum Hotel von einem Augenblick zum anderen strömender Regen, der die sandige Straße in ein reißendes Bachbett verwandelt. Durch die beschlagenen Fenster ist nichts mehr zu erkennen vom buschig ansteigenden Gelände rechts und links - Wasserschleier und plötzliche unheimliche Dunkelheit verhüllen alles. Rauschen, das an Sintflut denken läßt. Endzeitgefühl. Welten entfernt bin ich von dem Moment, als ich, eben angekommen, meine Tasche in der Hand und die fremde Hitze um mich spürend, in den Wagen gestiegen war. Das Auto stockt, bleibt stehen. Regen trommelt und schlägt aufs Dach. Der Fahrer und ich im schützenden Gehäuse. Wird es Schutz bleiben? Wird der Wasserstrom es fortreißen? Ich sitze ruhig, sonderbar gelassen, und warte. Ganz plötzlich ist das Unwetter vorbei. Nur noch auf der Straße strömt und fließt es. Es wird heller. Der Fahrer dreht ein Fenster herunter - wie frisch auf einmal die Luft ist. Allmählich verläuft sich das Wasser, langsam ist der Weg wieder zu erkennen. Der Fahrer versucht, den Wagen zu starten. Der Motor stottert, spuckt, springt schließlich an.

Oben vor dem Hotel scheint die Sonne, der Boden ist kaum noch naß. Das Haus gehört nicht zu jenen supermodernen Hotelketten, wie sie sich über die ganze Welt ziehen, ohne sich irgendwo merklich voneinander zu unterscheiden. Es ist ein freundliches Haus, in dem ich einfachen Komfort finde. In der Halle bei einem kühlen Getränk erläutert mir der deutsche Botschafter das Programm für die Zeit meines Aufenthaltes im Lande. Projekte und industrielle Unternehmen soll ich besuchen. Es wird Empfänge geben. Eine Wildhüterschule nennt er mir, Landwirtschaftsmechanisierung als Schulprojekt, Wasserversorgung, eine Hebammenschule... Neben Experten, die etwas besser gestellt sind, arbeiten dort überall Entwicklungshelfer mit äußerst geringem Einkommen. Sie sollen das, was Staatsverträge versprechen und wofür beschränkte Mittel zur Verfügung gestellt werden, an Ort und Stelle umsetzen, - nämlich das Land 'von unten her' zusammen mit den Einheimischen 'entwickeln'. Und sie leben wie die Einheimischen, mitten unter ihnen und ganz auf sich gestellt. Nichts geht ohne Kenntnis der Stammessprache, - denn wenn sie nicht lernen, mit all dem Fremden hier zurechtzukommen, nützt ihnen alles Fachwissen wenig. "Das Klima macht uns allen zu schaffen", sagt der Botschafter, "aber wer, wie die jungen Helfer, sozusagen an den 'Graswurzeln' arbeitet, für den ist es noch härter. Doch die meisten sind gerne hier."

Die Rundreise führt uns die alte Pflanzerstraße hinauf ins Hochland. Eine liebliche grüne Landschaft breitet sich vor uns aus, weite Ausblicke über Wald und Busch, Ölpalmen und Teepflanzungen. Auf etwa tausend Meter Höhe gehe ich an einem Teefeld entlang, altes Farmerland. Frauen in bunten Kleidern und buntem Kopfputz pflücken Teeblätter in flache Körbe und tragen sie in die Fabrik, in weite Räume mit Sortier- und Trockenanlagen. Hier arbeiten auch Männer, die Verpackung und Versand quer durch die Welt besorgen.

Ist die Teeproduktion ein Wirtschaftszweig, auf

den Kamerun sich stützen kann, und wie steht es mit den anderen landwirtschaftlichen Produkten? Ist es nicht der Weltmarkt, der die Preise all der wertvollen Güter bestimmt, die in den Ländern der sogenannten Dritten Welt gewonnen werden - und müssen dort diese Preise nicht als Schicksal hingenommen werden...?

Höher in den Bergen glänzt weithin sichtbar 'le Schloß', ein Prachtgebäude im Kolonialstil mit Veranda und Säulen, die ehemalige Residenz des deutschen Gouverneurs. Herr von P. soll, so erzählt man, fleißig für Mischlingsnachwuchs gesorgt haben - ein wirklicher Vater der Provinz. Deutsche Geschichte im fremden Land! Und nach kurzer Weiterfahrt deutsche Gegenwart: das prächtige Wohnhaus des Herrn von E., des Direktors einer imposanten Düngemittelfabrik (Eigentum des deutschen Multis Klöckner). Ähnlich präsentiert sich an anderer Stelle eine Sackfabrik, eine Landmaschinenversuchsanstalt, eine Krabbeneinfrier- und Versandeinrichtung. Deutsche Herren also, wie vor hundert Jahren? "Wir haben schon eine ansehnliche Anzahl von Unternehmen angesiedelt", sagt der Botschafter. "Und die arbeiten mit Gewinn?" frage ich. "Oh ja, - sobald der Betrieb einmal angelaufen ist."

Aber - wer gewinnt hier? Das Land und seine Menschen? oder wird nicht vielmehr der natürliche Reichtum abgeschöpft für andere? Das Leitwort heißt immerhin 'Partnerschaft'. Der Botschafter sagt: "Alles braucht seine Zeit." Ich habe die gnadenlose Armut riesiger Slumviertel vor Augen, Erdhöhlen, Blech- und Pappebehausungen, hungernde, entwurzelte Menschen, - hier in Kamerun allerdings habe ich sie bisher nicht gesehen. "Wissen Sie eigentlich", fragt der Botschafter und holt mich wieder in die üppige grüne Pracht rings um uns her zurück, "wissen Sie, daß sich der Name des Landes von den großen Krabben herleitet, die hier an der Küste gefangen werdet, den Kamerunen?"

Auf schlechter holpriger Straße fahren wir vorbei an Ananas- und Kautschukpflanzungen, immer durch dichtes Grün, gen Westen. Für einen Augenblick reißen die Wolken auf, und da zeigt sich, weiß im ewigen Schnee, viertausend Meter hoch, der Kamerunberg. Und zugleich taucht vor uns das wunderbar blaue Meer auf, eine umgrünte Bucht, aus der felsige Inseln ragen. Auf dem Strand schwarze Lava. Eben sinkt die Sonne ins Meer, leuchten Wasser und Grün, aber eh ich alles recht anschauen kann, sind Farben und Licht erloschen. Es ist Nacht. Und frischere Luft steigt auf.

Eine neue Runde von Beamten und Experten für Stromerzeugung erwartet uns in offener Halle zum Abendessen. Erdnußhuhn und Kochbananen werden aufgetragen. Ich höre kaum hin, worüber am Tisch gesprochen wird, schaue hinaus auf die schwarzen Baumsilhouetten und die unzähligen Sterne am Himmel.

Besuch beim Staatspräsidenten Ahitjo. Im Vorzimmer sammle ich meine Gedanken für das bevorstehende Gespräch, da wird die Tür zum inneren Gemach weit geöffnet und ich vergesse die vorbereiteten Fragen: ganz Hoheit und Würde erwartet mich in schneeweißem gelbbestickten Burnus und Käppchen eine prachtvolle Gestalt. Überwältigend, wie sich die dunkelbraune Haut im Weiß und das

Weiß vor dem apfelgrünseiden ausgeschlagenen Zimmer ausnimmt. Ruhige kluge Augen sehen mich an. Der Botschafter und ich dürfen in Sesseln sitzen, während der Präsident sich uns gegenüber auf dem grünem Sofa niederläßt. Er spricht französisch - aber der Brauch will, daß ich deutsch spreche. Ein Dolmetscher fehlt, deshalb springt der Botschafter höchstselbst ein. Gemessen geht die Rede hin und her, gemessen spricht der Präsident von den Schwierigkeiten, die sein junges Land hat, sich zusammen mit anderen in der Balance zwischen Ost und West zu halten. Er nennt die notwendigsten innenpolitischen Bedürfnisse: Auf- und Ausbau von Schulen, Ausbildung, Wirtschaft. Dann will er wissen, wie mein Land es eigentlich weiterhin mit der Apartheid in Südafrika zu halten gedenke, - was Schwarzafrika von unseren sich dorthin ständig ausweitenden Wirtschaftsbeziehungen halten solle? Ich antworte zunächst, daß ja auch sein Land, wie fast alle afrikanischen Länder, nicht ganz ohne solche Beziehungen sei, vermutlich nicht sein könnte. Er nimmt das schweigend hin. Dann aber drücke ich meine entschiedene Kritik aus daran, daß diese Verflechtungen der deutschen Wirtschaft mit der südafrikanischen das Apartheidsregime zum Nachteil der schwarzen Bevölkerung stabilisieren. Nun soll der Botschafter übersetzen. Er zögert kurz, formuliert dann mit rotem Kopf und peinlich berührt: Frau von Bothmer meint, dies starke Wirtschaftsengagement komme gerade der schwarzen Bevölkerung zugute... - Wie es bei uns zulande die offizielle Lesart ist. Schweigen. Verblüfft ob dieser unerhörten Verdrehung meiner Aussage, will ich eben den Mund zum Einspruch öffnen, da begegnet mein Blick dem des Staatspräsidenten: er zwinkert mir zu, deutet ein Lächeln an - und spricht von anderen Dingen. Er hat mich genau verstanden und die amtliche Meinung des Botschafters als solche gewertet. Und der rückt unruhig auf seinem Sessel hin und her. Der Diplomat als Dolmetscher, - das wurde ihm zur Falle. Das Gespräch wird mit einem besonders herzlichen Händedruck beendet. Der Botschafter und ich reden nicht mehr darüber, während wir anderen Verpflichtungen entgegeneilen.

Beim Gouverneur feierlich empfangen, höre ich von wirtschaftlichem Fortschritt und zugleich von der Tradition alter enger Bande. Ich bin benommen, nicht nur von der feuchten, atemberaubenden Hitze. Bisher habe ich nicht den Eindruck, daß dieser Fortschritt der Bevölkerung wirklich zugutekommt. Für den letzten Tag steht etwas Besonderes bevor: ein Treffen mit schwarzen Veteranen des Ersten Weltkriegs, - Männer, die als deutsche Soldaten hier für das Kaiserreich gekämpft haben. Gibt es die denn überhaupt noch in der zweiten Hälfte der siebziger Jahre? Ich fühle mich auf unheimliche Weise von der Geschichte eingeholt - und völlig aus dem Gleichgewicht geworfen, als ich sehe, wie freudig ich erwartet werde! Weil ich Deutsche bin, verkörpere ich diesen sehr Alten ihre glückliche Erinnerung an die deutsche Herrschaft im Land, für die sie hatten kämpfen dürfen! Das geht mir ja alles doppelt gegen den Strich: Kolonie und jener Krieg... Ich werde von einer alten Frau empfangen: Prinzessin Katharina Abanganana leitet mit Würde die gespenstische Versammlung. Auch sie, die ihre Erziehung in einer Klosterschule am Rhein genossen hat, erscheint mir wie aus grauer Vorzeit hervorgetreten. Ich muß ein Podium erklettern - und da sitzen sie in dichten Reihen vor mir, die vielen Uralten mit strahlenden Weihnachtsaugen. Sie lassen aus krächzenden Kehlen ein Lied aus vergangener Zeit ertönen, kaum wiedererkennbar in seltsamstem Deutsch: "Ich hatt' einen Kameraden..." Ich sitze da, der fremden Erinnerung ausgesetzt, und habe doch etwas damit zu tun! Tränen steigen mir in die Augen. Die zittrigen Töne verklingen, ich muß mich zusammennehmen. Wir sitzen einander gegenüber. Und jetzt bin ich dran: Ich bringe ein paar Sätze zustande, - Dank und Freude über die unerwartete Begegnung, und wie sich seither die Welt verändert hat, und wie schon ich, viel mehr noch meine Kinder, von jener Zeit unter der Kolonialherrschaft der Deutschen nur noch aus Geschichtsbüchern wissen, und daß ich meinen Kindern und Enkeln erzählen werde - usw. Prinzessin Katharina nickt und lächelt freundlich. Aber nun weiß ich nicht weiter. So frage ich die Alten, ob sie noch ein Lied singen möchten, - und dabei wird mir erst bewußt, daß ich ja deutsch gesprochen habe und daß sie mich verstehen. Glücklich stimmen sie an: "Sah ein Knab ein Röslein stehn..." Rauh, zittrig die vertrauten Töne, fremdartig, im tropischen Land aus schwarzen Kehlen. Die Prinzessin singt mit und ich singe mit. Und dann gehe ich wie im Traum an ihrer Seite durch die Reihen der Uralten und drücke all die runzligen knochigen Hände, die sich mir entgegenstrecken.

# 36. Kenia

Ein Begleiter der deutschen Botschaft fuhr mit mir hinauf in die Keniaberge, um in etwa 3000 Meter Höhe ein Schafzuchtprojekt zu besichtigen. Als ich auf meinen ersten Afrika-Reiseprogramm verschiedene Besuche landwirtschaftlicher Einrichtungen verzeichnet gefunden hatte, hatte ich an einen Irrtum der Programmplaner gedacht: vielleicht glaubten sie, das Landwirtschaftliche komme den Interessen einer in der Politik noch unerfahren Frau am besten entgegen? Mag das der Fall gewesen sein oder nicht - ich fand mich nicht nur damit ab, ich bekam Interesse an den landwirtschaftlichen Einrichtungen: sie gehörten zu den 'Graswurzel'-Entwicklungsprojekten. Mit ihnen sollten die Menschen angeleitet werden, den Anbau von Nahrungsmitteln wirtschaftlicher zu betreiben oder mehr Tiere aufzuziehen, als sie zum eigenen Bedarf nötighaben. Und dann in ihrer Nähe gelegene kleine Absatzmärkte zu finden. Ich habe also, wenn auch nicht mit professionellem Auge, so doch mit wachsendem Verständnis die Berieselung von Gemüsefeldern, Geflügel- und Schweinezucht besichtigt. Jetzt hier oben also Schafzucht. Es war recht kalt, als wir zuschauten, wie die Schafe durch eine kunstreich eingerichtete Wasserschleuse - vermutlich zur Reinigung vor der Schur - geführt wurden. Ein tiefer in den Tälern gelegenes Regionalprojekt fiel mir ein, wo zur Landwirtschaft auch verschiedene Werkstätten gehörten, in denen notwendige Geräte für die Arbeit hergestellt wurden ebenso wie warme Kleidung. Die konnte man hier brauchen.

Ich knöpfte meine leichte Jacke fest zu und sah mich um: diese Berglandschaft war anders als alles, was ich bisher in Afrika gesehen hatte. Der Keniaberg schien zum Greifen nah. Wohl hatte ich schon einmal am Fuß eines riesengroßen Berges, des Kilimandscharo, gestanden. Der erhob sich aus dem dichten Regenwald und wildes Wasser rauschte von seinen Hängen in die schwüle Wildnis herab, während der Gipfel von dichten Wolken umgeben war. Ich wurde mit den deutschen Fachleuten des Projekts bekanntgemacht. Jeder hatte einen 'counterpart', einen einheimischen Mitarbeiter zur Seite, der später einmal die Verantwortung übernehmen sollte. Ein System, das ganz darauf abgestellt war, Hilfe zur Selbsthilfe zu leisten, - eine in der Stille von Mensch zu Mensch geleistete Hilfe, wie sie mir nach allem, was ich sonst gesehen hatte, am sinnvollsten erschien.

Nach Nairobi zurückgekehrt, war ich am späten Abend zu Gast in der Residenz des deutschen Botschafters. Wir saßen in seinem paradiesisch schönen Garten. Auf einmal sah ich fern am Himmel Feuerschein. "Was ist das? Was brennt da?", fragte ich beunruhigt. "Da brennt die Polizei die jämmerlichen Papphütten der Ärmsten ab, die zu Tausenden in die Stadt drängen. Man will sie hier nicht dulden, weil sie das arbeitslose hungernde Proletariat in bedrohlicher Weise vergrößern." "Und was wird aus ihnen? Wo bleiben sie?" "Sie richten neue Behausungen auf", antwortete achselzuckend der Botschafter. (Was hätte er auch angesichts dieses Elends tun können?) Und er schenkte die Gläser noch einmal voll. Mir war, als sei die Kälte aus den Bergen herabgekommen.

# 37. Senegal / Niger

Während meines letzten Bonnjahres leitete ich eine Delegation nach Senegal und Niger. Meine Mitreisenden waren je ein Kollege der CDU, der CSU, der FDP und meiner eigenen Fraktion. Außerdem noch Botschafter H., der im Auswärtigen Amt gerade die Abteilung Westafrika übernommen hatte. Wie üblich bereitete ich die Reise genau vor. Ich stellte mir eine Themenliste für die Gespräche zusammen. Für Senegal stand da: Abkommen über wirtschaftlich-technische Zusammenarbeit von 1961 wurde am 3.5.77 neu unterzeichnet, aber die Inkraftsetzung steht immer noch aus. Warum? Islam: gibt es Ansätze zu einer religiösen Partei? Verfassungsänderung? Wirtschaft? Energiewirtschaft? Afrikanische Außenpolitik? Blockfreie Politik? Verhältnis zu Europa? Zu den Supermächten? Ihr Einfluß in Afrika? Verhältnis zu China? Verhältnis zur Bundesrepublik? Goetheinstitut.

Für Niger: Blockfreie Politik? Afrikanische Außenpolitik? Ist der Islam eine politische Kraft? Destabilisierung der umgebenden Länder? Verteidigungsbündnis? Verhältnis zu den Supermächten, deren Einfluß in Afrika? Verhältnis zu China? Zur Bundesrepublik zu Europa? Wirtschaft - Uranvorkommen? Landwirtschaft?

Für beide Länder: Wie sehen sie die Lösung des Problems der Sahroui? Warum verweigerten sie dem Staat (Demokratische Arabische Republik Sahara), als er 1976 unabhängig von Spanien wurde, die Anerkennung?

Genug Stoff, den ich brauchen konnte, um bei den Begegnungen mit den verschiedenen Repräsentanten der Länder Informationen zu erhalten. Dabei kam es mir gar nicht so sehr auf schlüssige Antworten an, sondern darauf, Meinungen und Überlegungen zu dieser und jener Sache zu hören.

Abends war ich mit meinen fünf Herren in Paris abgeflogen und gegen zwei Uhr früh in Dakar gelandet. Wir brauchten ein paar Morgenstunden Schlaf, bevor wir uns in der Botschaft einfanden zur Besprechung des für uns vorbereiteten Programms. Geplant waren Gespräche mit Politikern, Besuch des Parlaments und beim Staatspräsidenten, Besuch in der Redaktion der größten Zeitung, Besichtigung von Wirtschaftsbetrieben und schließlich Begegnungen mit deutschen Experten. Dazu die Besichtigung einiger Projekte im Land draußen, offizielle Essen und Abendempfänge - genug für vier Tage. Für mich als Delegationsleiterin durfte es dabei kein Schlappmachen geben, ich mußte jeweils meine Gruppe vorstellen, die Gespräche einleiten, die Tisch- und Dankesreden halten - und manchmal sogar darauf achten, daß meine Leute sich gehörig benahmen. Da war nämlich der kesse junge CDU-Mann, der nicht wartete, bis er als Delegationsmitglied vorgestellt wurde, sondern der gern voranstürmte. Oder der ebenfalls noch junge Liberale auf seiner ersten Auslandsreise, der sich in Gegenwart anderer Gäste recht freimütig und kritisch über das dortige Staatsoberhaupt äußerte...

Aber den ersten Nachmittag lud uns der Botschafter zusammen mit seiner Frau zu einer Fahrt zur Insel Goree ein. Vom Hafen aus konnte man sie wie verzaubert im Sonnendunst liegen sehen. Und als uns das kleine Boot auf ihrem Strand absetzte, erschien sie auch fast märchenhaft mit ihren schönen altmodischen Häusern und Gärten. Dann standen wir vor dem Fort, das sich mächtig über den Strand erhob. Im Hof, von hohen Mauern umgeben, war ein Brunnen. Und ebenerdig schmale Türen in enge Kellerräume, in die kaum ein Lichtstrahl fiel. Da hinein waren die Sklaven getrieben worden, wenn sie aus dem Landesinneren, mit Ketten aneinander gefesselt, ihre letzte Station auf ihrer afrikanischen Heimaterde erreicht hatten. Getrennt, Männer, Frauen, junge Mädchen und Kinder, bewahrte man sie bei kläglicher Kost so lange in diesen Verließen auf, bis das Schiff aus Westindien zurückkam, um neue Menschenfracht abzuholen. Es ankerte dann draußen im tieferen Gewässer. Unter dem Fort gab es ein Tor zum offenen Wasser, durch das die Sklaven hinausgerudert und an Bord geschafft wurden. Nicht wenige gingen schon in den Verließen zugrunde, andere starben, eingesperrt unter Deck, auf der langen Schiffsreise. Auf den Rest wartete in mörderischem Klima die rücksichtslose Ausbeutung ihrer Kräfte: für europäische Grundbesitzer mußte der Urwald gerodet, mußten Pflanzungen angelegt werden. Vom Sklavenhandel, der noch weit ins vorige Jahrhundert hinein üblich war, zu hören, oder auf einmal unmittelbar am Ort des grausamen Geschehens zu sein, ist doch etwas anderes! Besonders wenn man, wie ich, Afrika und seine Menschen liebgewonnen hat. Von jenem Hof des Elends stiegen wir die breite, schön geschwungene Treppe hinauf und betraten die weiträumige ehemalige Gouverneurswohnung, eines

Portugiesen, Holländers oder Engländers, der hier mit seiner Familie residiert hatte. Die dicken Mauern und die frische Brise vom Meer, das sich weit bis zum Horizont dehnte, sorgten für angenehme Kühle. Unwillkürlich fragte ich mich, ob diese Menschen hier, unberührt von dem, was da unter ihren Füßen geschah, friedlich hatten leben können? Nur mühsam fand ich mich wieder in die Gegenwart zurück: Tee in einem romantischen Garten und der rasche Sonnenuntergang über der unendlichen Wasserfläche. Und der tiefdunkle Himmel mit seinen unzähligen Sternen - die glänzen wie damals...

In seinem Regierungssitz empfing uns Staatspräsident Senghor, ein in Frankreich gebildeter Literat. Dieser Mann, der sein Volk lehren wollte, daß Schwarzsein als Auszeichnung zu begreifen sei, nahm sich viel Zeit zum Gespräch mit uns. Welche Aufgabe: einem schwarzen Volk die Selbstachtung wiederzugeben, die Weiße ihm jahrhundertelang auf alle Weise nicht ohne Erfolg auszutreiben bemüht gewesen waren. Vieles, was wir im Land sahen, nötigte uns Achtung ab.

Von einer Tagesreise durch ein Stück Savanne - ein Aufforstungsprojekt wurde uns gezeigt - ist mir ein Bild besonders deutlich noch vor Augen: Sand bis zum fernen opalfarbenen Horizont, vor dem sich kräftigbunt die Gestalten der Hirten abhoben, die mit ihren Herden von wer weiß wie weither zur Tränke gekommen waren. Da drängten sich alle die hellfarbenen Zeburinder mit ihren geschwungenen Hörnern zum Wasser, die braunen Ziegen, die Schafe - ein archaisches Bild. Und der seltsame Gegensatz, den all die Bewegung dieser vielen Körper an einer Stelle zu der leeren geheimnisvollen Landschaft im Hintergrund bildete. Wenn ich das hätte malen können! Der Projektleiter, der uns seine Anpflanzungen gezeigt und uns mit seinen Mitarbeitern bekanntgemacht hatte, brachte uns in ein dichteres Waldgebiet: "Hier sind wir zum Tee geladen", kündigte er an. Wo denn wohl? Weit und breit schien es keine Behausung zu geben. Endlich erreichten wir zwei einsame Rundhütten, aus Holzstämmen gebaut und mit Zweigen gedeckt. Und da, bei einem Waldarbeiter und seiner Familie, wurden wir herzlich willkommen geheißen. Sorgfältig war im Schatten ein Tuch zum Sitzen auf die Erde gebreitet. Auf der Feuerstelle daneben wurde der Tee zubereitet, zu dem man uns kaltes gebratenes Hammelfleisch anbot. Dann zeigte mir die Frau ihre häusliche Einrichtung: Vor der Hütte die Feuerstelle und eine große Kalebasse voll Wasser, die sie auf dem Kopf herbeitrug. In der Hütte rings an den Wänden Bretterborde zur Aufbewahrung von Kleidung und Hausrat, in der Mitte ein großes Bett, an der Seite Lagerstätten für die Kinder.

Noch vor unserer Weiterreise nach Niger kam es zu einigen Reibereien unter meinen fünf Begleitern, ausgelöst durch unseren etwas eigenwilligen Gast-Mitreisenden, Botschafter H., der mit törichten Reden die anderen verärgert hatte. Mit mir sprach er gar nicht mehr, denn er fühlte sich nicht genügend hofiert und war beleidigt. Es mußte also Aussprachen geben und Frieden gestiftet werden. Doch fehlte mir für dergleichen wirklich die Lust - und eigentlich auch die Kraft in dem ungewohnten Klima. Aber es gelang doch, in erneutem Einvernehmen nach Niamey zu fliegen... Und sofort ein neues Programm, neue Menschen, neue Fragen, neue Probleme. Die Temperatur lag bei 39 Grad. Stehende drückende Hitze, - es fehlte jede Brise. Wir waren ja im Innern Afrikas. Der Staatschef, wie mir schien ein weitblickender, klug planender Mann, antwortete auf die Frage eines meiner Kollegen, ob es hier schon so etwas wie Demokratie gäbe (in Senegal hatten wir ja Parteien und Parlament vorgefunden): "Hier müssen die Menschen erst einmal lernen, daß wir ein Land, ein Staat sind. Sie sind zu 90 % Analphabeten. Wir brauchen erst einmal Schulen bevor wir zu Wahlen aufrufen können. Wir haben fast keine Verkehrswege, wir stehen vor schweren Aufgaben. Wir brauchen ausländische Investitionen und einen Markt für unsere Uranvorkommen." Dieser Mann genoß hohes Ansehen. Man konnte ihm zutrauen, seinem Volk Mut zu machen zum Eintritt in die moderne Welt, und gerade er ist ein oder zwei Jahre später umgebracht worden.

Außer den politischen Gesprächen erlebten wir in seinem Land, einem eigentlichen Wüstenland, eine gemächliche Fahrt auf einem kleinen Flußdampfer den breiten Niger flußaufwärts mit dem Blick auf versteckte Dörfer am Ufer, eine fast romantisch schöne Flußlandschaft.

Am letzten Abend waren wir zu Gast beim Außenminister. Auf der Terrasse seines Hauses bot man uns gebratene Hammel an, die, an den Beinen aufgehängt, herbeigetragen wurden. Jeder sollte sich bedienen, aber, der Sitte gemäß, gab es dazu kein Besteck. Mir wurde feierlich der Vortritt gelassen - nur wußte ich nicht, wie ich einem solchen Tier ohne Messer und Gabel zuleibe rücken sollte, bis mir der

Minister liebenswürdig mit der Hand das erste Stück abriß. Es schmeckte ganz ausgezeichnet, kroß und fetttriefend wie es war. Im Anschluß an dieses Essen wurden wir zum Flughafen gebracht. Der Himmel hatte sich merkwürdig verdüstert, starker Wind war aufgekommen. Wir warteten stundenlang, bis man uns mitteilte, unsere Maschine sei direkt von Ouagadougou nach Paris geflogen, da hier eine Zwischenlandung nicht möglich gewesen sei. Das hatten wir allmählich selbst schon befürchtet, denn wir hörten Sturm um das Flughafengebäude heulen. Sandsturm! Draußen konnte man keinen Schritt weit sehen. Sand peitschte uns ins Gesicht. Wie unser Fahrer zum Hotel zurückgefunden hat, ist mir ein Rätsel. Es gab keine Straße mehr. Sehr bedrückt zog sich jeder in sein Zimmer zurück, - wer wußte schon, wie lange das dauern würde. Die Angestellten im Haus meinten: einen Tag, zwei Tage, acht Tage... Obgleich die Fenster fest geschlossen waren, hatte ich am nächsten Morgen, der gar nicht hell wurde, Sand im Bett, in den Ohren in der Nase, in jedem Kleidungsstück. Ich wollte durch das Fenster schauen, aber da war nur brauner wirbelnder Sand zu sehen. Und der Sturm heulte immer noch. Eine unheimliche Atmosphäre! Und die war auch drinnen am Frühstückstisch nicht besser. Auf jeden von uns warteten zu Hause Termine. Und nun saßen wir hier, abgeschnitten von der Welt, auf wer weiß wie lange Zeit fest. Und daheim machten sich die Angehörigen Sorgen. Als ich die verkniffenen Gesichter meiner Truppe betrachtete und die völlig umgeschlagene Stimmung registrierte, kam es mir fast so vor, als sollten wir hier Sartres 'Geschlossene Gesellschaft' spielen. Tatsächlich kam auch sofort ekelhafter Zank auf. Kameradschaft und Freundlichkeit waren wie weggeblasen, - vom Sand verschluckt. Meine Fünf fetzten sich parteipolitisch. An so etwas hatte auf der ganzen Reise bisher keiner gedacht. Und Botschafter H., unser Reisegast, war jetzt mit allen verkracht. Was blieb mir anderes übrig, als es mit Beschäftigungstherapie zu versuchen, - nicht zuletzt fühlte ich mich ja verantwortlich. Schließlich fanden sich die Skatspieler zusammen, für einen anderen Teilnehmer konnte ich einen Krimi zur Verfügung stellen, - da erschien zur allgemeinen Erleichterung der deutsche Botschafter. Ein Wunder, daß er hierher gefunden hatte! Er versprach, über das Auswärtige Amt unsere Familien zu benachrichtigen, und er machte uns Hoffnung auf baldige Wetteränderung. Tatsächlich: zwei Tage später brachte man uns wieder zum Flugplatz, wo, nachdem wir mehrere Stunden gewartet hatten, wirklich eine Maschine auf dem Flug nach Paris landete, die auch noch Plätze für uns frei hatte! Auf dem Pariser Flughafen dann mußten wir allerdings mitten in der Nacht noch ein paar Stunden länger zusammensitzen, bis es Anschlußflüge gab. Merkwürdigerweise redeten jetzt alle ganz aufgeräumt und heiter durcheinander, man erinnerte sich gegenseitig an dieses oder jenes Reiseerlebnis, - schön war es gewesen... Aber trotzdem: als ich den Rest der Heimreise allein zurücklegte, war ich recht froh, meine Delegationsleiterpflichten loszusein.

## 38. Die Bundesregierung und Südafrika

Die sozial-liberale Regierung unterhielt zu Südafrika so wenig offizielle Beziehungen wie möglich, - sie lehnte Apartheid aus Gründen der Menschlichkeit betont ab. Aber sie legte durchaus Wert auf ausgezeichnete wirtschaftliche Beziehungen zwischen unserem Land und jenem rassistisch regiertem. Was blieb ihr also übrig, als sich in einer faszinierenden Art von Eiertanz zu üben, d.h. strikt einäugig zu sein im Blick auf Südafrika. Die CDU/CSU verfuhr geradliniger, sie sah Apartheid einfach mit den Augen der weißen Minderheit, d.h. der dortigen Regierung.

Es konnte der Bundesregierung nicht besonders gefallen, daß ich von der Gewalt sprach, die der rechtlosen schwarzen Bevölkerungsmehrheit angetan wurde und davon, daß diese Situation noch verschärft wurde, weil Deutsche mit ihrer Wirtschaftsmacht das Apartheidregime stützten. Ich hatte das Elend der Schwarzen kennengelernt, ich wollte, daß meine Regierung sich den Menschenrechten tätig zu verpflichtete. Sie hatte Handlungsspielraum genug, um Einfluß auf deutsche Firmen zu nehmen und damit die Unterdrückung zu mildern.

Einziges Mittel, um überhaupt Anstöße zu geben und in die Öffentlichkeit zu wirken, war die parlamentarische Anfrage. Dabei mußte ich es immer wieder hinnehmen, mich an geradezu blödsinniger Rabulistik totzulaufen. Da ging es um die Lieferung eines Kernkraftwerkes an Südafrika: Frage: Ist die

Bundesregierung wirklich dazu bereit? Antwort: Südafrika hat noch keine Entscheidung für den Zuschlag getroffen. Da demnach kein Antrag von der KWU (Kraftwerksunion), die als potentieller Lieferant im Gespräch war,) auf Ausfuhrgenehmigung vorliegt, besteht auch kein Anlaß für die Bundesregierung, ihre Haltung in dieser Frage festzulegen. Es gibt also nicht den geringsten Anlaß zur Beunruhigung...

Oder es ging um die schwarzen Arbeiter bei deutschen Firmen in Südafrika. Ich wollte erfahren, ob sie ebenso miserabel gestellt seien wie die in britischen Firmen beschäftigten. Ich konnte eine Untersuchung zugrunde legen, die bewies, daß die britischen Firmen streng nach den Apartheidsregeln verfuhren. Ich wußte, daß das so nicht sein mußte, denn auswärtige Unternehmen sind dazu nicht verpflichtet. Aber sie stehen sich besser, wenn sie den Leuten Hungerlöhne zahlen, sie nicht versichern, Gewerkschaften nicht zulassen, auch keine Ausbildung gewähren. Konkret heißt das, die Firmen verpflichten sich also zu nichts, lassen überlange Stunden arbeiten, kündigen von heute auf morgen - und machen guten Gewinn.

Ich plante eine Große Anfrage. Die Kollegen im Arbeitskreis hörten zuerst recht skeptisch zu, aber die meisten räumten schließlich ein, es sei richtig, da einmal nachzubohren. Einer nach dem anderen unterschrieb. Ich war ebenso erstaunt wie erfreut. Endlich einmal schien einer meiner Vorschläge vernünftig zu sein. Aber da kam weiser Rat von einem, der die höheren Weihen eines Staatssekretärs, aber auch die des Alterfahrenen genoß. "Freunde", sagte er, "da muß ich ernstliche Bedenken anmelden: Wir stehen ein halbes Jahr vor der Wahl..." Er redete so lange und bedeutend, daß die Große Anfrage sich in Nichts auflöste. Denn so ist das mit den Bedenkenträgern: ihre höhere Weisheit lähmt jede politische Initiative. Ich habe diese Frage dann als Kleine Anfrage mit den Unterschriften derjenigen, die dennoch einverstanden waren, eingereicht, obwohl ich wußte, wieviel weniger Gewicht ihr damit zukam. Aber mir blieb kein anderer Weg. 'Die Regierung' sollte sich darüber Gedanken machen müssen und überhaupt sollte die Sache an die Öffentlichkeit kommen. Antwort: "Nach den der Bundesregierung vorliegenden Informationen können Vorwürfe, wie sie aufgrund der Veröffentlichung in der britischen Tageszeitung 'The Guardian' am 12. März 1973 gegen britische Firmen in Südafrika vorgebracht wurden, gegen deutsche in Südafrika tätige Unternehmen nicht erhoben werden. Verschiedene Berichte der jüngsten Zeit zeigen, daß die in Südafrika arbeitenden Firmen, deren Kapital sich in alleinigem oder zumindest mehrheitlichem deutschen Besitz befindet, bei einem Vergleich ihrer Lohn- und Arbeitspolitik mit derjenigen anderer konkurrierender Betriebe gut abschneiden. Ermittlungen einer 'Fact Finding Mission' des Internationalen Metallarbeiterverbandes, die im Frühjahr 1972 in Südafrika weilte, bestätigen diesen Eindruck. Ein Bericht der dpa-Korrespondenten in Johannesburg vom 26. März 1973 legt dar, daß die deutschen Betriebe den afrikanischen Beschäftigten im Durchschnitt um 30 % über dem Mindestsatz liegende Löhne zahlen. Alle vorliegenden Informationen ergeben das positive Gesamtbild, nach dem in Südafrika die Löhne, die deutsche Firmen an afrikanische Arbeitnehmer zahlen, an der

Spitze liegen.!* - Wie gewöhnlich keine Aussage, - die bekannte Methode, mit der man sich die unbequemen Abgordneten mit ihren lästigen Fragen vom Leib hielt.

Was aber erfolgte, war eine Reaktion aus der Öffentlichkeit: der Chef einer großen Firma mit Tochterfirma in Südafrika rief mich an und bat mich, öffentlich zu erklären, seine Firma gehe schon deshalb tadellos mit den Schwarzen um, weil sie nur einen schwarzen Chauffeur und einen schwarzen Boten beschäftige! Das kam mir eigenartig vor, denn ohne schwarze Arbeiter geht dort gar nichts. Gerade ein so großes Unternehmen kann nicht ohne schwarze Arbeiter auskommen. Aber ohne darauf einzugehen, machte ich dem Herrn deutlich, ich könne nichts erklären oder bestätigen, was ich nicht sicher wisse. Er sagte, seine Bitte sei wirklich dringend, denn schon hätten sich Demonstranten vor dem Werkstor versammelt, die behaupteten, seine Leute in Südafrika mißachteten die Menschenrechte...

Hätte es eines besseren Beweises bedurft, wie nötig die Große Anfrage gewesen wäre und daß sie ganz anders gewirkt hätte, als der Erfahrene uns glauben machen wollte? Angst hätten sie bekommen, die Bosse, und zu Zugeständnissen wären sie bereit gewesen!

Tatsächlich aber hat schon diese Form der Anfrage mehr bewirkt, als ich zu hoffen gewagt hatte: zwei Jahre später konnte ich in einer wissenschaftlichen

*Deutscher Bundestag, 7. Wahlperiode, Drucksache 7/484 vom 25. 04. 73. (Sachgebiet 80)*

Untersuchung über die Südafrikapolitik der Bundesrepublik Deutschland lesen: "Neben einem erheblichen Presseecho förderten die Antwort der Bundesregierung und die Reaktionen der betroffenen Firmen Lohndaten in einem bis dahin wie 'geheime Kommandosachen' behandelten Feld zutage."*

Ein halbes Jahr später, kaum in Johannesburg angekommen, war ich schon zum Diner in die Deutsch-Südafrikanische Handelskammer eingeladen. Ich fand mich im Kreis deutscher Manager. Hier sei noch Pionierland, bekam ich gleich zu hören, hier könne man noch mit Gewinn investieren. Genau das war es ja, was meine Skepsis hervorgerufen hatte und was mir gegen den Strich ging. Pionierland... Bei Tisch hieß mich der Vorsitzende mit einer liebenswürdigen Rede willkommen: Man achte es hoch, daß jemand, der so voller Vorurteile stecke, komme, um sich eines Besseren belehren zu lassen! Beifall, Gläserklingen. Ich hatte nicht reden wollen, aber nun mußte ich antworten. Ich stand also auf und sah die Herren der Reihe nach ernsthaft an. Erst drückte ich meinen Dank für die Einladung aus, aber dann sagte ich, mir sei zum wiederholten Mal, und nun auch in der Rede des geschätzten Vorsitzenden, erklärt worden, daß man eigentlich hier im Ausland wirklich deutsch, deutscher also als die Deutschen zu Hause sei. Wenn dies zuträfe, dann fühle man sich hier zweifellos auch dem Grundgesetz besonders verpflichtet. Das aber setze alle Menschen gleich. Meine Anfrage, die ich im April 1973 an die Bundesregierung gerich-

*Reinhard Rode: 'Die Südafrikapolitik der Bundesrepublik Deutschland'*

tet hatte, sei angeregt gewesen durch das schlechte Beispiel britischer Firmen in Südafrika (siehe oben). Zum einen hätte ich mit meiner Frage der Regierung die Möglichkeit geben wollen, die deutsche Öffentlichkeit darüber aufzuklären, daß deutsche Firmen sich anders verhielten, und zum anderen hätte ich den deutschen Tochterfirmen in Südafrika die Gelegenheit geben wollen, selbst eine solche Erklärung abzugeben. Nun, hier, an Ort und Stelle, wollte ich mich gern selbst davon überzeugen, daß die schwarzen Arbeiter in den deutschen Firmen nicht den Apartheidsregeln unterworfen seien.

Mit süßsaueren Mienen lauschten die Herren solch unwillkommenen Tönen. Ich war froh, als ich es hinter mir hatte. Aber der Abend war lang und ich mußte noch vieles anhören. Und was ich später in den Firmen sah, bestätigte leider mein Mißtrauen, obgleich viel Mühe daran gewendet wurde, mir Schokoladenansichten vorzuführen.

Bei Siemens durfte ich unter Leitung des Direktors oder leitenden Managers durch die Werkshallen wandern, ich durfte auch in Nebenräume schauen. "Sehen Sie", sagte er, "auch die Schwarzen haben jetzt Handtücher in ihren Waschräumen (natürlich getrennt von denen der weißen Mitarbeiter) und sie haben richtige Kaffeetassen." "Was hatten sie vorher?" "Na, ganz einfache Pappbecher. Das war auch nicht schlecht..." "Gibt es einen Betriebsrat?" "Nein. Wissen Sie, wir sind hier ja in einem ganz anderen Land und hier im Betrieb bilden wir alle zusammen eine große Familie. Überdies haben wir ein working-committee. Das wird von Managern geleitet, die ein paar schwarze Arbeiter hineinberufen. So können alle aufkommenden Fragen immer zur Zufriedenheit aller gelöst werden. Eine sehr gute und fortschrittliche Einrichtung." Zuletzt führt mich der Herr in ein Besuchszimmer. Da wartet ein schwarzer Arbeiter, um mir Rede und Antwort zu stehen. Der Leitende: "Now, look here, John, this is Frau von Bothmer from Germany. Sie möchte sich informieren über deine Situation und die deiner Kollegen hier im Betrieb." John sieht mich ausdruckslos an. "Nun sag mal: du wirst gut bezahlt, nicht wahr?" "Yes Sir." "Die Arbeitsbedingungen sind gut, nicht wahr?" "Yes Sir." "Das working-committee hat dein Vertrauen?" "Yes Sir." Ich kann das nicht länger ertragen. Ich stehe auf, reiche dem Schwarzen die Hand, danke ihm und gehe. Wir haben einen Blick getauscht, dieser schwarze Arbeiter und ich, - eine stumme Verständigung? Sicher weiß ich es nicht. Der verblüffte Leitende folgt mir.

1977 verlangte ein europäischer Kodex von allen Firmen in Südafrika, einen vorgegebenen Standard, der den Menschenrechten entsprach, einzuhalten und ihren Regierungen darüber in regelmäßigen Abständen Rechenschaft abzulegen. Was ich als Große Anfrage hatte einbringen wollen und in meiner Kleinen Anfrage gefordert hatte, war also so verkehrt und aus der Luft gegriffen nicht gewesen. Einige Jahre später luden der Auswärtige und der Wirtschaftsausschuß zu einem Hearing ein zum Thema 'Schwarze Arbeit bei deutschen Firmen in Südafrika'. Den versammelten Wirtschaftsvertretern, Gewerkschaftern und Sprechern anderer Organisationen stellten wir Fragen: Greift der Kodex? Dürfen Arbeiter Gewerkschaftsmitglieder sein? Hat sich die Arbeitssituation allgemein verbessert? ... Ich hatte eine Frage gestellt, da sagt plötzlich einer der Herren: "Das muß ich aber doch mal sagen, Frau von Bothmer, es war nicht nett, wie Sie damals Ihren Besuch bei uns, der Firma Siemens, öffentlich kommentiert haben!" In einem Journalistengespräch hatte ich, noch in Südafrika, von der deprimierenden Gegenüberstellung mit John berichtet. Und hier saß nun jener Siemensmanager, der mich damals herumgeführt hatte! "Wenn Sie mich daran erinnern", antworte ich, "- wobei ich mich entschuldige, daß ich Sie nicht wiedererkannt habe - dann muß ich nun doch den Anwesenden erzählen, worum es geht." Das große Auditorium nahm die Geschichte teils peinlich berührt, teils resigniert auf. Niemand äußerte Zweifel. Und der Herr von der Firma Siemens sagte nichts mehr.

Nun richtete ich die Frage an die Bundesregierung, ob inzwischen Berichte von deutschen Firmen vorlägen und was sie beinhalteten. Zunächst bekam ich zur Antwort, daß der sogenannte Verhaltenskodex von den Außenministern der EG im September 1977 beschlossen worden sei und daß er die Firmen verpflichte, öffentlich zu berichten und der Bundesregierung eine Abschrift davon zu übermitteln, - als wenn mir das nicht längst bekannt gewesen sei. Dann hieß es, die Bundesregierung erwarte in den nächsten Monaten die Vorlage von Berichten. Es bestünden keine Anhaltspunkte für die Vermutung, daß deutsche Firmen gegen die Empfehlungen des Kodex verstießen. Und man sähe auch keinen Anlaß, daran zu zweifeln, daß Fortschritte erzielt worden seien. Auf Drängen einiger Kollegen, mich eingeschlossen, wurde uns lange nach diesen 'nächsten' Monaten ein vom Wirtschaftsministerium zusammengefaßter Bericht gezeigt: fünf Firmen hatten ihre Löhne angehoben, drei waren dabei, Gewerkschaften anzuerkennen, zehn hatten die Kantinen denen der weißen Arbeiter angeglichen, vier gewährten Urlaub... Welche Firmen berichtet hatten, blieb uns verborgen. Wenn man bedenkt, daß es zu jener Zeit schon an die hundert deutsche Tochterfirmen in Südafrika gab, war dieses Papier ein schlechter Witz. Jedoch drückte die Bundesregierung, das Verhalten der Firmen betreffend, ihre hohe Befriedigung aus...

Noch eine letzte Chance, öffentlich auf die unerhörten Menschenrechtsverletzungen aufmerksam zu machen, blieb mir: die Südafrikadebatte in meinem letzten Bonnjahr. Denn erstaunlicherweise hatte mir die Fraktion Redezeit eingeräumt, allerdings nur fünf Minuten und als letzte Rednerin. Ich war zwar die 'Expertin', aber wie üblich nahmen die Hauptredezeit wichtigere Kollegen in Anspruch, auch wenn ihre eigenen Kenntnisse über Südafrika nicht sehr fundiert waren. Die Fernsehöffentlichkeit war ihnen sicher und die Rangordnung blieb gewahrt. Endlich war es soweit, als nächste sollte ich aufgerufen werden. Meine Notizen schon in der Hand, saß ich auf dem Sprung. Da erhob sich gemächlich der Außenminister - ein Regierungsmitglied kann jederzeit in die Debatte eingreifen. Er kannte meine kritische Haltung sehr wohl und deshalb nutzte er den verbliebenen Rest der für mich eingeplanten Redezeit, ja, mehr als meine kläglichen fünf Minuten, zum 'Filibustern'. Was ich vorbereitet hatte, ein unbrauchbares Papier nun, konnte ich wegstecken. Denn nicht gehaltene Reden erscheinen selbstverständlich nicht im Protokoll. Niemand kann sich darauf berufen, niemand daraus zitieren. Enttäuschung und Zorn kochten in mir - diese Brüskierung, diese Unterdrückung meines Rechts, im Parlament eine andere Meinung zu vertreten. Das war die letzte und unwiderrufliche Niederlage meines jahrelangen Kampfes um eine vernünftige Südafrikapolitik. Am Ende mußte ich einsehen, daß auch einer sozialdemokratisch geführten Regierung vom großen Geld der Schneid abgekauft wird. Obwohl ich wußte, daß der kleinere Koalitionspartner - die FDP - berücksichtigt werden mußte, ich hätte mir doch gewünscht, unsere Leute hätten sich ein wenig auf ihre guten Grundsätze, die sie im Munde führten, besonnen. (Ich meine immer noch, sie hätten es gekonnt.)

Erschöpft und unglücklich ging ich abends in die Parlamentarische Gesellschaft, - ein gutes Essen sollte Trostpflaster sein. Der Kellner servierte delikaten Spargel. Ich genoß, ohne daran zu denken, daß hierzulande im Winter kein Spargel wächst. Nur halb neugierig fragte ich, als der Kellner das Geschirr abräumte, wo der Spargel denn herkäme. "Aus Südafrika", war die gleichmütige Antwort. Die Kollegen am Tisch, die meine Schmach miterlebt, sie aber längst nicht als solche gewertet hatten, weil ihnen wenig an der Sache lag, die Kollegen brachen in schallendes Gelächter aus. Ich konnte auch nur noch lachen, - vor meinem inneren Auge das Schildchen kämpferischer Apartheidsgegner: "Kauft keine Früchte aus Südafrika!"

Nachtrag: Verheugen schrieb später: "Desinteresse und Unkenntnis bestimmten die ersten Jahrzehnte.

Debatten fanden nicht statt. Erst in den siebziger Jahren bildete sich in der SPD und in der FDP eine Gruppe von Abgeordneten heraus, die die Südafrikapolitik der Regierungen kritisch hinterfragten und sich mit der unterdrückten Mehrheit in Südafrika solidarisierte. Ein Denkmal verdient die SPD-Abgeordnete Lenelotte von Bothmer, die viele Jahre lang als einzige konsequent für eine andere Südafrika-Politik eintrat..."*

*Günter Verheugen: Apartheid. Südafrika und die deutschen Interessen am Kap, Köln 1986, S. 82

## 39. Informationslücken

Ich erhalte Briefe von Freunden aus Südafrika. Sie berichten vom Besuch des deutschen Schulschiffs in Kapstadt und von freundschaftlichen Kontakten der Besatzung mit Burenfamilien. Die Freunde drücken ihre Verwunderung darüber aus, denn seit Jahren sind offizielle deutsche Freundschaftsbesuche der Apartheid wegen völlig gestrichen. Besorgt erkundigen sie sich, ob die Apartheid bei uns salonfähig geworden sei. Im Plenum läuft mir der Verteidigungsminister persönlich über den Weg. Ich erzähle ihm von den Briefen und bitte um Erklärung. Der Minister ist entrüstet: "Da bist du einem Märchen aufgesessen! Allerdings wurde zum ersten Mal seit langer Zeit die Route um das Kap der Guten Hoffnung gefahren, eine sehr weite Strecke. Das Schiff mußte einmal anlegen und tanken. Aber ich habe selbst ausdrücklich Befehl gegeben, daß es dabei zu keinerlei geselligen Begegnungen kommen darf." Beruhigt schreibe ich an die Freunde, es müsse hier wohl ein Irrtum vorliegen, da es sich nur um einen kurzen Aufenthalt zum Tanken gehandelt habe. Zur Antwort bekomme ich Zeitungsausschnitte, die von Einladungen berichten, von Parties an Bord und an Land, von gemeinsamen Ausflügen, von Diners und Tanz. Der Minister ist gerade nicht erreichbar, deshalb lege ich dies alles seinem Staatssekretär vor. "Was soll ich nun antworten? Was schlägst du vor?" "Da hast du dich in eine ungute Sache eingelassen", sagt er. "Eben. Aber du weißt auch, daß man sich die Dinge nicht aussuchen kann. Ich würde allerdings ungern schreiben, daß ich ihnen etwas vorgeflunkert hätte. Oder soll ich antworten, daß der Minister selbst nicht Bescheid weiß?" "Hm", knurrt der Staatssekretär. "Also, hör mal, laß uns in Ruhe darüber sprechen. Komm heute nachmittag zu mir ins Büro." Er wird nicht offenbaren, welche geheimen Absprachen es mit dem Apartheidsregime gibt. Aber auch andere Kollegen werden mißtrauisch...

Jahre später - in einem schönen Garten am Rhein ist großer Empfang. Da begegnen wir einander wieder, - ich, die ehemalige Abgeordnete an der Seite meines Sohnes, und er, der ehemalige Staatssekretär. Er strahlt Wiedersehensfreude. "Ihre Mutter", erzählt er meinem Sohn, "hat oft Fragen gestellt, die nicht ohne waren, sage ich Ihnen..." An der Art, wie er lächelt erkenne ich, daß er sich noch heute darüber amüsiert, wie es ihm damals gelungen wart mich auflaufen zu lassen.

# 40. Gespräch im Garten

Ein wunderschöner Sommerabend. Ich stand vom Schreibtisch auf drüben im Garten der Parlamentarischen Gesellschaft wollte ich zu Abend essen. Im Freien ausspannen. Bei ein paar Kollegen fand ich noch Platz am Tisch. Kaum hatte ich meine Bestellung aufgegeben, begann einer der Freunde, in strengem Ton auf mich einzureden: "Wenn du schon einmal hier sitzt, dann will ich dir doch sagen, wie peinlich und kurzsichtig es ist, wie du öffentlich den bevorstehenden Besuch des südafrikanischen Staatschefs kritisierst! Gerade du, die sich als Südafrikakennerin hervortut. Und du forderst noch, daß er, wenn er schon kommt, ohne eingeladen zu sein - was du vollkommen taktlos auch noch betonst -, daß er dann die politischen Gefangenen in seinem Land freilassen soll. Oder hast du Nelson Mandela gesagt? Wie auch immer: schlimm ist jedenfalls, daß du offenbar nicht weißt, daß es sich da um innersüdafrikanische Angelegenheiten handelt." "Hör zu, mein Freund", antwortete ich, "ich will den schönen Abend genießen. Darum sei so gut und halte den Mund. Ich will mich jetzt nicht ärgern." Er, sehr entrüstet: "Also, das ist ja großartig du willst mir den Mund verbieten!" "Ja, genau. Weil es wieder mal kaum zu ertragen ist, wie du daherredest, ohne etwas von der Sache zu verstehen. Ich rede dir ja auch nicht drein, wenn ich von den Dingen nicht genug weiß." Die Kollegen am Tisch murrten unwillig. Mein Essen wurde gebracht. "Du bist auch nicht als einer der Geschäftsführer verantwortlich", verteidigte er sich. "Zum Glück nicht", sagte ich. "Aber, bitte, begreife doch wenigstens mal, daß dich deine Funktion nicht allwissend macht. Laß es gut sein." "Aber..." "Hast du eigentlich gesehen, wie schön der Jasmin blüht? Und hast du gemerkt, wie er duftet?" "Na schön", lenkte er unwillig ein. - "Aber eines muß ich doch noch sagen: es ist ja ein inoffizieller Besuch und der Kanzler wird ihn auch nicht hier, sondern irgendwo im Bayerischen Wald treffen. Es werden bestimmt nur Gespräche über Wirtschaft geführt werden." "Ja", sagte ich, "das fürchte ich eben auch. Hat nicht Willy Brandt sonderbarerweise einmal gesagt, man solle nicht ohne Not Politik und Wirtschaft miteinander vermengen? Kannst du mir vielleicht sagen, wie man das macht?"

# 41. Südafrikanisches

Ich bin in Johannesburg. Quartier habe ich durch Vermittlung von Freunden in einer kleinen Niederlassung eines Franziskanerklosters gefunden. Vier Patres sind hier vorwiegend mit Sozialarbeit beschäftigt. Ich werde sehr freundlich aufgenommen und habe ein angenehmes Zimmer. Im Bad hängen nicht, wie andernorts, Bademäntel, sondern Priesterkutten. Ich darf an den Mahlzeiten teilnehmen und habe die Bibliothek zur Verfügung, wo ich Besucher in willkommener absoluter Abgeschiedenheit empfangen kann. Ein Privileg, das ich hoch zu schätzen weiß - habe ich doch bei früheren Aufenthalten in diesem Land erfahren, daß ich mit Gesprächspartnern in Cafés, in Restaurants, in Hotelhallen, ja selbst im Auto bespitzelt und abgehört wurde. Auch einer gründlichen Durchsuchung meines Hotelzimmers war ich nicht entgangen.

Hier also habe ich die Möglichkeit, von meinen Gesprächspartnern mehr und unverschlüsselt über das Leben in der Apartheid zu hören. Diejenigen, die hierher kommen, um mit mir zu reden, sind von Freunden über Freunde an mich verwiesen, sie vertrauen mir, so wie sie und ich den Patres vertrauen. Den weißen Studentenführer, der in Bonn zu mir ins Büro kam, werde ich nicht wiedersehen: er war unvorsichtig genug, sich auf dem Rückflug seinen Terminkalender aus dem Gepäck stehlen zu lassen, in dem er alle seine deutschen Gesprächspartner - alles Apartheidgegner - verzeichnet hatte.

Das genügte, um ihn nach peinlichem Verhör vor einer außergerichtlichen Kommission ins Gefängnis zu bringen. Auch mein Name war in dem Büchlein vermerkt und die Anschuldigung der Kommission lautete, er habe sich von mir kommunistisch beeinflussen lassen.

Nun also sitze ich in der klösterlichen Bibliothek mit Clive, dem Sprecher der englischsprachigen Journalisten, einem interessanten Mann. Nachdem er mir viele Fragen beantwortet hat, sagt er: "Darf ich Sie nun einmal etwas fragen? Was machen deutsche Offiziere hier im Land? Wie kommt es, daß ein General der deutschen Bundeswehr kürzlich in Begleitung hoher südafrikanischer Militärs und Politiker die wichtigsten Militäreinrichtungen besucht hat?" Ich schaue ihn verblüfft an. Mir waren Gerüchte über einen solchen Besuch zu Ohren gekommen, Genaueres wußte ich nicht. Ich verspreche, der Sache auf den Grund zu gehen. Wieder in Bonn frage ich nach. Fragestunde. Die Präsidentin: "Ich rufe auf die Frage 36 der Abgeordneten Frau von Bothmer." (Die Frage, ausgedruckt in der Bundestagsdrucksache, lautet: 'Trifft es zu, daß deutsche Offiziere in ihrer Eigenschaft als Militärpersonen Südafrika bereisen, obwohl eine Ausweitung der NATO über den Wendekreis des Krebses hinaus nicht zur Debatte steht, und wenn ja, welche Aufgaben haben sie?") Antwort des parlamentarischen Staatssekretärs beim Bundesminister für Verteidigung: "Frau Präsidentin! Frau Abgeordnete! Dem Bundesminister für Verteidigung sind keine Reisen von Offizieren der Bundeswehr in die Republik Südafrika bekannt, sie bedürften auch der Genehmigung von höchster Stelle.

Sollten allerdings Offiziere Urlaubsreisen in die Republik Südafrika unternehmen, so reisen sie nicht als Militärpersonen, wie Sie sich ausdrückten." Gelächter und Beifall bei der Opposition (CDU/ CSU). Gutgelaunt macht der Staatssekretär seine Fraktionskollegin zur lächerlichen Figur. Manchmal aber haben Lügen doch kurze Beine. Die südafrikanische Botschaft zieht in ein neues festungsähnliches Haus um. Einer der Möbelpacker schmuggelt, in einen Teppich gerollt, einen Haufen Akten in die Hände engagierter Apartheidsgegner. Und veröffentlicht wird ein Brief des Generalleutnant Rall an den südafrikanischen Botschafter: dringend bäte er darum, weiterhin seine so informative Reise als private Safari auszugeben. Wo er doch außerdem als Herr Ball gereist sei. Es sei nämlich peinlich und beunruhigend, daß die Fahrt unbegreiflicherweise im Bundestag ruchbar geworden sei! Die Presse hat Futter. Das Verteidigungsministerium dementiert nichts, erklärt nichts. Es schweigt.

## 42. Die Buren

Die Buren sind ein sehr gottesfürchtiges Volk. Allein die Parlamentssitzungen werden am Morgen und nach der Mittagspause noch einmal mit feierlichem Gebetsritual eröffnet. Auch - und besonders - ihre Politik wird im Namen Gottes gemacht. Es wird erzählt, daß ein Weißer, als er in seiner Kirche auf einen Schwarzen trifft diesen böse fragt: "Was machst du hier?" - "Ich fege, Herr", ist die bescheidene Antwort. Darauf der Weiße: "Ach so, ich dachte schon, du wolltest hier beten!" Denn auch Gott durfte nur 'apart' in Anspruch genommen werden. Lange hatte sich ein deutscher Pfarrer vergeblich bemüht, seine schwarze Gemeinde (Hausangestellte in der Stadt) in einer der weißen Kirchen, wenn sie am Sonntagnachmittag leerstanden, versammeln zu dürfen. Die frommen Weißen vertraten die Meinung, das würde ihre Kirche verunreinigen. 1989 war ich noch einmal in Südafrika. Ich besuchte ein Dorf, dem die Aussiedlung drohte. obwohl die Bewohner es schon vor 80 Jahren errichtet, alle Häuser, Schule und Kirche selbst gebaut hatten, wurde auf einmal befunden, daß es geräumt werden müsse, weil es in weißem Gebiet liege. Einem Nachbarort war das gerade geschehen: morgens um vier und völlig unangemeldet, waren Lastwagen hereingefahren. Wie sie waren, mußten die Leute aufsteigen, kaum daß sie schnell ein paar Dinge zum Mitnehmen zusammenraffen konnten. Gut 70 Kilometer entfernt hatte die Regierung kümmerliche Hütten in Reih und Glied aufgestellt - da wurden sie abgeladen. Auf unfruchtbarem Grund und weit und breit ohne Arbeitsmöglichkeiten. Das also lag den Menschen hier auf der Seele. Wie in den Townships waren auch hier die Häuschen klein und oft recht ärmlich. Aber in den Vorgärten blühten Blumen und überall standen Bäume. Schlecht waren die Lebensbedingungen nicht, denn Viele hatten Arbeit in der Umgebung. Wir wurden von einem jungen Deutschen, der hier eine Zeitlang gearbeitet hatte, eingeführt und überall freudig begrüßt. Für den Abend war ein Gottesdienst angesagt, und da es inzwischen schon Zeit dafür wurde, machten wir uns auf den Weg zur Kirche. Der Weg in der schnell einfallenden Dunkelheit war beschwerlich, weil die Straßen voller Steine und Pfützen waren. Aus den Fenstern der Kirche, einem einfachen Barackenbau, fiel Licht und ein wunderbarer vielstimmiger Gesang, der mir zu Herzen ging, ertönte. Als wir eintraten, wurden wir feierlich begrüßt. Man führte uns zu Plätzen in der ersten Reihe. Der Raum war schon dicht besetzt, aber immer mehr Menschen strömten herein. Sie standen, wo immer sie noch Platz fanden, neben den Stuhlreihen. Die jungen Leute setzten sich auf den Boden. Zwei Geistliche leiteten abwechselnd den Gottesdienst, mal in einer afrikanischen Sprache, mal auf Englisch. Und dann wieder das Singen: eine Frauenstimme irgendwo aus den dichtgedrängten Reihen sang die erste Sequenz, dann fielen Frauen und Männer mehrstimmig ein, die Stimmen teilten sich kanonartig, dann wieder führte eine einzelne Männerstimme, bevor sich alle wieder zum Chor vereinigten. Niemand übt das mit ihnen ein, kein Instrument begleitet sie, es ist das ganz natürliche

Singen, das den Schwarzen eigen ist.

Weil den Schwarzen Versammlungen verboten waren, verwandelte sich der Gottesdienst schließlich in eine politische Runde. Es wurde erörtert, was getan werden könnte, um das Unheil abzuwenden. Eingaben wurden vorgeschlagen, Personen bestimmt, die Rechtsanwälte in der Stadt aufsuchen sollten. Zum Schluß sagte einer der Geistlichen: "Und jetzt wollen wir beten!" Was nun geschah, hatte ich noch nie erlebt: es erhoben sich alle Stimmen zugleich, aber jeder sprach laut sein eigenes Gebet. Es war wie das Rauschen eines mächtigen Windes, das den Raum bis unters Dach füllte. Inbrunst und Gottvertrauen strömten zu einer Kraft zusammen, die mich tief bewegte. Warum konnte sich nur, wenn doch alle denselben Christengott meinten, zwischen Schwarz und Weiß hier nicht ganz von selbst eine Brücke bauen? Dafür aber gab es damals noch keine Anzeichen. Ja, als ein paar Tage später sich die Anwälte mit den Betroffenen in Johannesburg in einer Methodistenkirche treffen wollten, war deren Türe verschlossen und versiegelt. "Wer hier versucht einzutreten, wird mit strenger Strafe belegt", war im Namen des Magistrats auf einem Schild geschrieben. Dicht gedrängt, ratlos und verärgert stand die abgewiesene Menge auf der Straße: die betroffenen Schwarzen, die Anwälte und weiße Sympathisanten, zu denen ich gehörte. Wenige Schritte entfernt hielt sich die Polizei mit Schlagstöcken und Wasserwerfern bereit. Im Namen der christlichen Obrigkeit.

# 43. Soweto

Ein Freund, an den mich andere Freunde gewiesen hatten, fuhr mich in die Township Soweto, der großen schwarzen Vorstadt. Von dort aus fahren in grauer Morgenfrühe unzählige Arbeiter und Angestellte mit dem Schwarzenzug, einem immer überfüllten Bummelzug, nach Johannesburg. Sie müssen pünktlich an ihren Arbeitsstellen sein und abends ebenso pünktlich wieder die weiße Stadt verlassen. Ihre Nächte sind kurz. Soweto ist ein trostlos anmutendes weites Gelände, besät mit vielen kleinen Häusern, manche aus Stein, andere aus dünnem Sperrholz und Wellblech. "Oft wohnen acht oder zehn Personen in so einem Haus", erklärte mir der Freund. Das Wasser wird aus Pumpen geholt, die verstreut in der Siedlung stehen." Die Straßen waren fast menschenleer. Seit vor einem Jahr, 1976, der Aufstand der Schüler hier ausgebrochen war, durchstreiften weit mehr Polizisten als vorher die Township. Wir suchten einen Pfarrer auf. Er sprach von dem durch unzählige Gesetze und Verbote eingegrenzten und bedrohten Leben der Menschen. Mit in der Stube saßen ein paar Jugendliche, die sich aber im Hintergrund hielten. Bei einem früheren Besuch in diesem Land hatte ich den Minister für Erziehung gesprochen, der mir auseinandergesetzt hatte, wie gerecht und den verschiedenen Völkern in diesem Staat gemäß die Erziehung der Schüler gehandhabt würde. Es sei wohl bedacht, wenn weiße und schwarze Kinder eine unterschiedliche Schulausbildung erhielten. Dementsprechend wurde für ein schwarzes Kind weniger als ein Zehntel des Betrages ausgegeben, der einem weißen Schüler zustand. Ich hatte ihn gefragt, ob er nicht glaubte, daß es allein schon der Wirtschaft im Lande zuträglicher sei, auch die schwarzen Kinder gut auszubilden. Er hatte geantwortet, die Schwarzen seien von Gott gewollt zum Dienen da... Ich hatte schwarze Schulen gesehen: Baracken mit viel zu kleinen Räumen, in denen die Schüler sich Schulter an Schulter drängten. Wegen des Mangels an Lehrmitteln konnten manche Fächer gar nicht in den Lehrplan aufgenommen werden. 1976 nun sollte auf einmal Afrikaans die Unterrichtssprache sein, nicht mehr Englisch. Afrikaans aber ist die Sprache der Buren, die von den Schwarzen einhellig als ihre Unterdrücker angesehen wurden. Das war zuviel. Die Schüler widersetzten sich, gingen auf die Straße - und wurden von der Polizei zusammengeschossen. Man warf Tote und Verletzte auf Lastwagen und fuhr sie weg. Aber die Schüler ließen sich nicht einschüchtern. Weinend vor Wut demonstrierten sie weiter und ein Aufschrei der Empörung und Verzweiflung ging durch die Stadt. Viele Junge und auch Erwachsene, die sich ihren Kindern angeschlossen hatten, kamen ins Gefängnis. Die Polizei suchte nach Rädelsführern. Die Jungen versteckten sich. Von überallher in der Township bekamen sie Hilfe. Ja, die Eltern waren stolz auf ihre Kinder, die endlich gewagt hatten aufzustehen. Aber wie teuer mußte dafür bezahlt werden! Jetzt erzählte unser Gastgeber, der schwarze Pfarrer: "Bevor nicht diese anstößige Order aufgehoben ist, geht niemand mehr zur Schule. Aber da keiner dumm bleiben soll, unterrichten die älteren Schüler heimlich die jüngeren. Bei mir dürfen sie es in meiner Kirche tun und ich stehe Schmiere. Sobald sich Polizisten nähern, gebe ich ein Zeichen, und dann verschwinden große und kleine Schüler wie Mäuse, die in ihre Löcher huschen." Die Jungen, die mit in der Stube saßen und uns Weiße zunächst mißtrauisch betrachtet hatten, rückten näher. Ich sah in diese entschlossenen Gesichter - was für ein Wahnsinn: weil sie heimlich Schule hielten, waren sie mit dem Tod bedroht! Unwillkürlich sagte ich: "Welche schreckliche Angst müßte ich um euch haben, wenn ihr meine Söhne wäret. Ich spüre sie ja schon als Fremde." Aber sie sagten: "Angst müssen Sie nicht haben. Denn wenn sie uns fassen und töten, dann sind da andere, die weitermachen."

Jugend, die, hier wie überall auf der Welt, bereit ist zum Kampf, die den Schmerz nicht an sich herankommen läßt. Und doch habe ich Fotos vom Aufstand gesehen, da tragen ältere Schüler mit tränenüberströmten Gesichtern kleine, zu Tode getroffene von der Straße. Ich sollte auch an diesem Tag noch vom Schmerz erfahren. Ich traf Mütter, als ich im Haus einer der führenden Frauen empfangen wurde. Die Gastgeberin gehörte zu jenen, die, selbstverständlich heimlich, Sozialarbeit organisierten. Diese Mütter sprachen vom Tod ihrer Kinder, die sich so heldenmütig gegen die Allmacht der Regierenden erhoben hatten. Darin fanden sie Trost. Und sie erzählten mir von der Beerdigung: wie Tausende den Wagen mit den Särgen gefolgt waren, nachdem endlich die Toten freigegeben worden waren und die Erlaubnis zu ihrer Beerdigung erteilt war. Wie alle, alle diesen mutigen Kindern die letzte Ehre geben wollten und wie sie dabei, wie es üblich ist, auf ihrem Weg sangen. Und wie plötzlich Schüsse in die Menge peitschten und die Polizei den Trauerzug auf einmal eingekreist hatte. Wie Menschen niederfielen und wie alle so schnell wie möglich weggerannt waren, um sich in den nächsten Häusern zu bergen. "Als wenn das eine nicht genehmigte Demonstration gewesen wäre", sagte eine. Und eine andere: "Erst spät am Abend konnten wir dann unsere Kinder beerdigen. Sie waren ja schon tot, aber sogar ihre Särge wurden noch beschossen." Ich sah in diese dunklen ruhigen Gesichter. Wieviel Fassung und Würde zeigten diese Frauen, auch wenn mancher von ihnen Tränen in den Augen standen. Nach wie vor begleitete Bedrohung und Todesgefahr sie alle Tage. Nie konnten sie wissen, ob Mann und Kinder gesund heimkehren, ob nicht sie selber morgen Opfer dieser schrecklichen Menschenjagd sein würden.

Als mich am Abend der Freund dort wieder abholte, war ich so erfüllt von all dem, was ich gesehen und gehört hatte, daß ich nur noch lachen konnte, als er zu mir sagte: "Wir hatten übrigens vergessen, für Sie die Erlaubnis zu einem Besuch in Soweto einzuholen. Man hätte Sie jeden Augenblick verhaften können."

## 44. Ein Gebannter

Horst ein weißer Südafrikaner, ein junger Freund, der mir zu mehreren Begegnungen verhalf, die nicht auf meinem offiziellen Reiseprogramm standen, brachte mich eines Abends nach Dunkelwerden zum Haus von Ric Turner. Ric war Wissenschaftler. Ein Weißer, bekannt als leidenschaftlicher Gegner der Apartheid. Deshalb war er 'gebannt'.

Gebannt waren, wie mir schien, besonders Personen, die in der Öffentlichkeit Einfluß hatten und Achtung genossen. Bannung bedeutete, daß sie, streng polizeilich überwacht und zu allen Tages- und Nachtzeiten kontrolliert, vollkommen isoliert von der Außenwelt leben mußten. Sie durften sich draußen nur ein paar hundert Meter im Umkreis ihrer Wohnung bewegen, durften nie mit Nachbarn oder anderen Menschen sprechen. Im Haus durften sie sich nie mit mehr als einer Person im Zimmer aufhalten. Auch Familienmitglieder konnten ihren Gebannten nur einzeln besuchen. Was ein Gebannter je veröffentlicht hat, wird vernichtet, seine Arbeiten dürfen nicht genannt oder zitiert werden.

Horst fuhr, nachdem er sich sorgsam umgeschaut hatte, ohne Licht vorsichtig auf den Hof von Rics Haus. Er stieg aus und bat mich, im Auto zu warten. Auf ein Klopfzeichen wurde die Türe geöffnet und er verschwand im dunklen Flur. Die Tür schloß sich hinter ihm. Ich wartete. Nichts regte sich. Die Vorhänge an den Fenstern waren zugezogen. Nach einigen Minuten kam Horst zurück und sagte leise: "Alles in

Ordnung. Kommen Sie schnell!"

Ric, ein schmaler blasser Gelehrter, empfing uns in seinem Arbeitszimmer. Die fünf Jahre, die er hier lebendig begraben war, hatten ihn deutlich gezeichnet. Eine Begegnung unter den hier gegebenen Umständen ist sehr eigenartig. Horsts Anwesenheit half, das Gespräch in Gang zu bringen: natürlich erst einmal über die Situation im Land, dann aber über Rics Arbeit. Mühsam versuchte er zu arbeiten. Freunde schmuggelten ihm Fachzeitschriften und Bücher herein, doch wie schwer mag es sein, die geistige Isolation durchzustehen.

Schon daß wir zu viert hier im Zimmer saßen, Ric, seine Frau, Horst und ich, war strafbar. Und wir konnten nur hoffen, daß jetzt keine Kontrolle gemacht würde. Vorsorglich hatte Rics Frau uns schon angewiesen, wie wir beim geringsten Geräusch in den anliegenden Räumen verschwinden und notfalls von dort aus im Treppenhaus nach oben laufen sollten. Denn auch die Hintertüre, durch die wir gekommen waren, war dann besetzt. Alles ging gut. Einzeln verließen wir, vermutlich unbeobachtet, das Haus. Erst zwei Straßen weiter stieg ich wieder in Horsts Auto. Allmählich verstand ich immer besser, warum man in Bonn im Auswärtigen Amt gezögert hatte, mich nicht, wie üblich bei Auslandsreisen von Abgeordneten, voll zu verplanen. Es hätte vermutlich einigen Wirbel gegeben, wäre nicht immer gut ausgegangen, was ich unternahm. Und ein vollständiges offizielles Reiseprogramm hätte mich festgelegt auf Kontakte zu Personen des öffentlichen Lebens. Die dunkle Seite Südafrikas hätte ich nicht kennengelernt. Aber weil ich mich mit der einen Seite nicht zufriedengeben wollte, blieb mir gar kein anderer Ausweg, als ab und zu 'abzutauchen'.

Ich war noch nicht lange aus Südafrika zurückgekehrt, als ich die schreckliche Nachricht bekam, daß Ric ermordet worden sei. Erschossen durch das Fenster seines Arbeitszimmers - zwei Tage bevor seine Bannung abgelaufen wäre. Die Nachricht kam nicht von Horst: der saß inzwischen im Gefängnis. Ein Geschäftsmann, der zu Horsts Freundeskreis gehörte, zeigte mir den Mord an. Ein paar Wochen später berichtete er, daß ein gerichtliches Verfahren angelaufen sei, und dann ließ er mich wissen, daß es niedergeschlagen worden war, weil man keine Verdächtigen finden konnte. Dann kam ein Anruf. Rics Freund sagte: "Ich möchte Sie nur fragen, ob es Ihnen recht ist, wenn ich Ihnen die vergessenen Sachen zuschicke. Ich bin froh, wenn sie wieder in die rechten Hände kommen." Ich konnte mir gar nicht denken, was das für Sachen sein könnten, aber ich antwortete ohne Zögern: "Ja, dafür bin ich Ihnen sehr dankbar. Das ist sehr aufmerksam von Ihnen." Ich hatte in Südafrika schnell begriffen, wie lebenswichtig sprachliche Verschlüsselung sein kann. Durch Kurierpost erhielt ich über die deutsche Botschaft in Pretoria ein versiegeltes Paket. Es waren die Akten der Untersuchung über den Mord an Ric Turner. Ein Zettel lag dabei: "Ich hoffe, daß ich Ihnen nicht zuviel zumute, wenn ich Sie bitte, diese Papiere zu bewahren. Hier sind sie nicht sicher. " Mit sehr zwiespältigen Gefühlen legte ich das Paket in die unterste Lade meiner Schreibkommode. Würde man irgendwann die Untersuchung fortsetzen können und würden dann diese Papiere gebraucht? Es war unheimlich, Papiere aufzubewahren, die die Freunde dort in ihrem Land nicht mehr zu behalten wagten. Etwa ein Jahr später rief mich eine Frau an. Sie sagte nicht, wer sie war, verlangte nur, daß ich sofort die Papiere - ich wisse schon, welche! - nach England schicken sollte. "Ich habe keine Papiere", sagte ich und legte den Hörer auf. Aber das Paket schickte ich noch am gleichen Tag einem Vertrauten zu, der mit Südafrika in keinerlei Verbindung stand. Dort ist es heute noch.

## 45. Windhoek

Nicht wenig erstaunt war ich, bei der Fahrt vom Flughafen durch die Stadt auf vielen Hauswänden mein überlebensgroßes Porträt zu sehen. Darunter stand: "Lenelotte von Bothmer - Arm in Arm mit Terroristen! Schmeißt sie raus!" Das war das eigenartigste Willkommen, das mir je in einer fremden Stadt geboten worden war. Der deutsche Konsul an meiner Seite entschuldigte sich immer wieder, auch wenn er selbstverständlich nichts mit der Sache zu tun hatte. Aber sehr peinlich war sie ihm. Es fiel mir nicht schwer zu verstehen, was dahintersteckte: ich hatte wenige Monate zuvor öffentlich zu einer Hilfsaktion für die Familien der schwarzen Arbeiter aus dem Ovamboland (der nördlichsten Provinz Namibias) aufgerufen. Denn zum ersten Mal hatten es diese Arbeiter gewagt zu streiken. Und Streik bedeutete wenn nicht schwere Strafen, dann zumindest den Hinauswurf der Arbeiter. Die Familien, die vom Lohn der Männer lebten, waren mittellos. Wenn diese Männer trotzdem streikten, mußten die Arbeitsbedingungen wirklich unerträglich sein. Strafgefangene konnte man nicht schlimmer behandeln: sie wurden immer nur auf begrenzte Zeit in den Minen im Süden angestellt, bei langer Tagesarbeitszeit, schlechtem Essen und einer Unterbringung auf dem eingezäunten Minengelände, die menschenunwürdig war. Und der Lohn war niedrig und mußte doch ausreichen für den Lebensunterhalt der fernen Familie, die vielleicht einmal im Jahr besucht werden konnte. Aus der Sicht der

Deutschen oder doch sehr vieler Deutscher im Land -
waren diese Arbeiter also offensichtlich Terroristen.
Außer der Plakataktion an den Hauswänden hatte es
auch in der Windhoeker Deutschen Zeitung
Beschimpfungen und Schmähungen gegen mich
gegeben. Ich war gar nicht unzufrieden mit einer solchen Reaktion, zeigte sie doch, daß mein Aufruf zur
Hilfe diejenigen, die mit dem Rassismus in Frieden
lebten, aus der Ruhe gebracht hatte. Ich war nun sehr
gespannt auf Begegnungen mit Namibia-Deutschen.
Im Hotel fand ich Briefe mit Entschuldigungen vor
und Einladungen. Sie kamen von Deutschen, die weiter in die Zukunft dachten und für die die Schwarzen
Mitmenschen waren. In den Gesprächen, die ich mit
ihnen führte, lernte ich die Spannungen im Land von
verschiedenen Seiten kennen. Meine Gegner hielten
sich fern. Aber der Konsul hatte eine Anzahl
Deutscher zu einem Abendgespräch eingeladen,
Leute um die vierzig, teils Enkel oder Kinder alter
Namibia-Deutscher, teils aber auch Menschen, die erst
kürzlich eingewandert waren. Erstere hätten allerdings das Wort 'Namibia' nicht über die Lippen
gebracht: für sie hieß das Land immer noch Deutsch
Südwest, wie man es als Kolonie des deutschen
Kaiserreiches, die Deutschland 1918 abgenommen
worden war, genannt hatte. Viele von diesen
Abendgästen waren der Meinung, ich hätte mich nicht
für die Ovambos einsetzen sollen, auch wenn sie
nicht bestritten, daß deren Lage recht elend war.
Zugleich aber erklärten sie mir, daß die Schwarzen
eigentlich alle sehr glücklich seien: in Haus und
Garten, in den Hotels und Betrieben - überall ver-
richteten sie zufrieden die ihnen angewiesene Arbeit,

ja, sie seien bis zu einem gewissen Grad auch durchaus lernfähig. Und wieder hörte ich, daß auch diese Deutschen davon überzeugt waren, selber die eigentlichen, die besten Deutschen zu sein. (Solche Überzeugung bildet sich vermutlich im Ausland schnell: wer in der Ferne lebt, wird sich erst seiner Herkunft recht bewußt und verherrlicht sie. Auch wenn man freiwillig ausgewandert ist.) Ich fragte, ob denn versucht würde, mit den Schwarzen über eine doch vermutlich gemeinsame Zukunft zu sprechen. "Was denken Sie!", rief es von allen Seiten. "Mein Amos, meine Sara denkt doch gar nicht so weit. Wir haben Ihnen ja schon gesagt, daß sie zufrieden sind." Auch zum Gespräch mit verschiedenen Schwarzengruppen hatte ich Gelegenheit und mir wurde immer deutlicher, wie kompliziert die Verhältnisse wirklich waren. Ich habe unter ihnen außerordentlich kluge, politisch denkende Menschen getroffen, die mir, wenn ich wissen wollte, ob man denn gar nicht mit den Weißen reden könne, antworteten: "Die meisten Weißen denken nicht politisch." Es war schwer, sich vorzustellen, wie sich ein tragbares Miteinander entwickeln könnte: Unter Schwarzen und Weißen herrschen ganz verschiedene Vorstellungen und Bestrebungen. Daß auch die Kirchen untereinander Streit hatten, erschwerte die Situation zusätzlich. Bedrückt von so viel gegenseitigem Mißtrauen und Nichtverstehen angesichts der spürbaren, auf Veränderung dringenden Unruhe, ging ich durch die Stadt. Sie hatte ein unverkennbar deutsches Gesicht, - eine Kleinstadt, in der die Zeit stehengeblieben war. Es gab eine Kaiserstraße, eine Bismarckstraße, ein Denkmal, das die deutsche 'Schutztruppe' verherrlichte, jene Truppe, die Anfang des Jahrhunderts die eingeborene schwarze Bevölkerung erbarmungslos 'besiegt' hatte. Ein Rundgang in Katatura, der Schwarzenstadt von Windhoek, zeigte Verhältnisse, die denen, die ich in Südafrika gesehen hatte, sehr ähnlich waren. Als besonders aber empfand ich, daß die älteren Frauen hier Kleider trugen, wie sie in Europa um die Jahrhundertwende Mode gewesen waren, lange Kleider aus schweren dunklen Stoffen, mit Puffärmeln und Stehkragen. So angetan saßen sie in der heißen Sonne vor den Hütten, beschäftigt mit Hausarbeit. oder sie schritten, ein Wassergefäß tragend, einher. Wie unpraktisch und unpassend in diesem Klima!

Bevor ich abreiste, wurde mir eine besondere Gunst zuteil: Herr Oppenheimer, der Chef der Angloamerican Cooperation, den ich in Johannesburg kennengelernt hatte, gewährte mir die Besichtigung seiner Diamantminen in Oranjemund. Ein kleines Privatflugzeug brachte mich in etwa zweistündigem Flug dorthin. Durchwühlte Erde zeigte mir schon beim Anflug das Gelände der Mine, auf dem weitläufige Gebäude und Barackenunterkünfte für die Arbeiter standen. Ich wurde herumgeführt: durch Glaswände konnten Besucher in die Arbeitsräume schauen. Da lagen die rohen Steine auf Schütten, dort war die Schleiferei, und schließlich gab es eine Ausstellung prachtvoller Diamanten in verschiedenen Größen und Schattierungen und Schalen mit Diamantsplittern zu sehen. Die Unterkünfte der Arbeiter unterschieden sich von den üblichen: sie waren nicht nur geräumig, sondern hatten auch den nötigen Komfort. Hier war nicht gestreikt worden.

Der Pilot und ich kletterten wieder in unsere kleine Maschine. Schnell war von der großen Minenanlage nichts mehr zu sehen. Im Westen glänzte das Meer, aber bald breitete sich unter uns, soweit ich sehen konnte, die Namibwüste aus. Wir flogen nur ein paar hundert Meter hoch, so daß ich deutlich erkennen konnte, wie vielgestaltig diese Wüste ist. Lange hatte ich geglaubt, Wüste sei endlose gelbe Sandebene. Inzwischen hatte ich aus großer Höhe schon auf Wüste hinuntergeschaut und gemerkt, daß sie anders ist. Jetzt sah ich sie genau, mit ihren riesenhohen Dünen, mit Felsgestein, Tälern und Ebenen. Ich sah sie in ihren eigenartigen Farben: hier fast rot, dort grau und braun und dazwischen sandfarben. Und manchmal etwas Grünes. Der Himmel bis zum Horizont hell, hitzeflimmernd. Wie großartig das alles war. Ich schaute und schaute, und zufällig sah ich zu meinem Piloten neben mir. Zu meiner größten Verwunderung mußte ich feststellen, daß er fest schlief! da war ich also alleingelassen zwischen fremdem Himmel und fremder Erde! Ich saß ganz still und das Maschinchen schnurrte brav weiter aber wohin? Ich hoffte gen Windhoek. Abstürzen wäre kein Spaß gewesen, denn auch wenn wir lebendig unten angekommen wären, so wäre doch diese von oben so herrliche Wüste unser Tod gewesen. Hatte der Pilot das kleine Flugzeug programmiert? Ich wußte nicht, ob das bei so einem Ding überhaupt möglich war... Als aber die Stadt in Sicht kam, schlug er die Augen auf und brachte uns dort, wo wir am Morgen abgeflogen waren, sicher wieder auf die Erde hinunter.

Meine Windhoeker Erlebnisse sollten noch einen ungewöhnlichen Höhepunkt erfahren. Als ich nach drei Jahren mit zwei Kollegen wieder dorthin kam, sahen wir einen Steckbrief an den Häuserwänden:

**S t e c k b r i e f**

Verachtet wegen:
Verrat an den Deutschen im südlichen Afrika
Unterstützung von Terroristen
Beihilfe zum Mord an Schwarzen und Weißen
in Südwest
Verschleudern von Steuergeldern an Kommunisten
Lenelotte von Bothmer und Genossen SPD Arm
in Arm mit Terroristen

Wenn Sie diese marxistische Bande sehen, spucken Sie sie an, schleudern Ihnen Ihre Verachtung oder etwas Härteres ins Gesicht! Fordern Sie die marxistische Bande auf, ihre Finger und Nase aus Südwest herauszuhalten.

Rufen sie: SPD und Kommunisten Hand in Hand, verraten unser Heimatland, Schmeißt sie raus die Pest, aus unser'm Land Südwest.

Bothmer und Genossen kommen am 7. Februar 1978 nach Windhoek!!!

Verantwortlich: Bürgerinitiative: Freiheit für Südwest
Druck: Eigendruck

Der blindwütige Haß, der aus diesem Schriftstück spricht, verwundert mich immer noch. Ich habe ein Exemplar mitgenommen und in meine 'Kuriositätenmappe' gelegt.

## 46. Unbotmäßigkeit

Ich weiß selbst nicht, was mich dazu gebracht hat, mich mit der arabischen Welt zu befassen. Aber der Konflikt im Nahen Osten um den Besitz Palästinas oder des Heiligen Landes ist ein Schwerpunkt meiner Arbeit geworden. Hätte ich mich, wie alle Welt, eindeutig auf die Seite der israelischen Politik gestellt, - viel Beifall wäre mir sicher gewesen. Aber ich will Ausgleich, ich will Recht auch für die Palästinenser. Wann immer ich mich in diesem Sinne in der Fraktion äußerte, erntete ich Entrüstung: wie ich, als Deutsche, es wagen könne, Partei gegen die Israelis zu ergreifen?

Ein Rundfunksender hat mich um Stellungnahme gebeten: Palästinenser haben einen israelischen Bus überfallen, Menschen sind getötet worden. Ich sage: Wenn Angehörige eines rechtlosen Volkes, das in der ganzen Welt keine Beachtung findet, so etwas machen, kann man das verstehen. Zumal diesem Volk andauernd Gewalt zugefügt wird. - Zwar betone ich ausdrücklich, daß ich keine Anhängerin von Gewalt sei, löse aber dennoch helle Empörung beim Fraktionsvorstand aus. Eines der prominenten Mitglieder, die Vizepräsidentin des Bundestages, hat nicht schlafen können, andere haben Magenschmerzen - hält mir Fraktionsgeschäftsführer Konrad entrüstet vor, der mich zum Rapport bestellt hat. Er sagt auch, daß alle sich durch meine Taktlosigkeit, meine Verblendung wie mit Dreck beworfen fühlen. Nun sei erwiesen, daß ich gemeinsame Sache mache mit Terroristen, mit

Mördern! "Eigentlich müssen wir dich aus dem Auswärtigen Ausschuß herausnehmen." (Dergleichen ist noch nie vorgekommen. Es gibt solche 'Strafen' nicht in Bonn.) "Gut", sage ich, "dann werde ich's an die Öffentlichkeit bringen." Jetzt steht Drohung gegen Drohung. Der Kollege Geschäftsführer lenkt ein: so sei das nicht gemeint gewesen... Es ist bitter, - schon wieder ein Kollege, der sich das Recht nimmt, in Vertretung der öffentlichen Meinung besserzuwissen, ohne sich je mit der Sache beschäftigt zu haben.

Aber der Fraktionsvorsitzende, der strenge gefürchtete 'Onkel' Herbert: er hört aufmerksam zu, die Pfeife im Mund. Wenn einer, dann weiß er besser. "Hm", macht er, nachdem er eine Weile nachgedacht hat. "Ich selbst kann mich so nicht für die Palästinenser einsetzen, ich habe mit den Juden während der Nazizeit in einem Boot gesessen. Das bindet. Aber daß du das machst, ist recht. Mach weiter!"

Ein anderes Mal weise ich in der außenpolitischen Arbeitsgemeinschaft der Fraktion auf die diskriminierende Art und Weise hin, in der alle Araber bei uns im Land observiert, ja inhaftiert werden, nachdem eine Palästinensergruppe die israelische Oympiamannschaft in München überfallen hat. "Willst du die Verbrecher schützen? Die sind doch alle gleich! Du solltest dich wirklich da heraushalten, als Deutsche!" rufen die Kollegen aufgebracht durcheinander. Und nehmen den nächsten Tagesordnungspunkt auf.

Deutscher Depeschendienst Bonn: "Zu den gegenwärtig getroffenen Maßnahmen gegen Araber/Palästinenser in der Bundesrepublik erklärt Frau von Bothmer, Abgeordnete des Deutschen Bundestages: ... ich appelliere an die verantwortlichen Minister des

Bundes und der Länder, daß die in Gang gesetzte Aktion nicht dazu führt, daß arabische und andere Ausländer im Lande den Schutz durch unsere rechtsstaatlichen Prinzipien verlieren. ... ich fordere für die Betroffenen, daß ihnen im Rahmen der gesetzlichen Möglichkeiten ausreichend Zeit und Gelegenheit gegeben wird, sich gegen Beschuldigungen durch die Sicherheitsorgane vor ordentlichen Gerichten zu rechtfertigen."
Brief des Herrn V. Schierk, 08.10.72: "Sehr verehrte gnädige Frau! Da ich vermute, daß Ihnen Ihr Aufruf zur Beachtung rechtsstaatlicher Prinzipien, zum Maß und zur Angemessenheit der Mittel bei der Behand-lung von Palästinensern / Arabern böse Reaktionen eingetragen hat, schreibe ich Ihnen ... um zu danken ...."

# 47. Nahost-Initiative

Immer wieder die Sache mit den Palästinensern! Sie ließ mich nicht mehr los, sobald ich angefangen hatte, mehr über jenes in der westlichen Welt fast verfemte Volk in Erfahrung zu bringen. Das Volk das nach allgemeiner Absprache im Windschatten das Interesses zu stehen hatte. Wer die Stimme für die Palästinenser erhob, gewann schnell Feinde. Dabei war der Konflikt zwischen Israelis und Palästinensern keineswegs unbeachtet. Hatten nicht im 67er Nahost-Krieg die beiden Supermächte - ganz zufällig -, die USA den Israelis, die UdSSR den Arabern, das genau gleiche Waffenpotential zur Verfügung gestellt, neue konventionelle Waffen - zum 'Ausprobieren'?! Ein unheimliches Kräftemessen. Und ein Krieg, in dem es letzten Endes um die Palästinenser gegangen war.

Ich schloß mich der Initiative eines britischen und eines französischen Kollegen an und gründete mit ihnen und einer kleinen Zahl anderer Kollegen aus verschiedenen nationalen Parlamenten in Westeuropa die parlamentarische Vereinigung für Euro-Arabische Zusammenarbeit. Wir informierten uns und knüpften vielfältige Kontakte zu Arabern. Eine entsprechende arabische parlamentarische Gruppe wurde ins Leben gerufen. Wir verfaßten Resolutionen und überreichten sie unseren jeweiligen Außenministern. Wir versuchten Einfluß darauf auszuüben, daß deren gemeinsame Beratungen und Entschließungen, soweit sie den Nahen Osten betrafen, sich ausgeglichener und entschlossener gestalteten. Wir verfaßten Bulletins über die Situation und kooperierten mit der Presse. Und wie in London, Paris, Brüssel, Den Haag, Luxemburg und Rom - später folgten andere - entstand auch in Bonn durch intensive Werbung eine Gruppe von zumindest der Problematik gegenüber aufgeschlossenen und interessierten Kollegen, - 'meine' Gruppe. Ich lud sie zu kleineren Aktivitäten, zu Vorträgen und Treffen mit arabischen Botschaftern zusammen. Als das begehrte Öl nicht mehr so billig wie gewohnt den nimmersatten Industriestaaten zuflog, wurden die Araber auf einmal wichtiger. Man umwarb sie. Nicht die Palästinenser die hatten ja nichts zu bieten. Doch war ihr lästiges Problem nun nicht mehr so leicht wegzudrücken, denn die arabischen Staaten rückten es entschieden in den Vordergrund jeder Verhandlung. Die westeuropäischen Außenminister verfaßten eine Entschließung: daß es eine Regelung des Nahost-Konfliktes geben und daß diese "umfassend, gerecht und dauerhaft" sein müsse. Wenn auch vage, so war dies doch ein erster Schritt. Und im Laufe der Zeit steigerten sich die Minister sogar so weit, "Selbstbestimmung auch für die Palästinenser" und eine eigene "Heimstatt" zu verlangen. (Weiter allerdings ist man bis in die Gegenwart des Jahres 1992 nicht gekommen. Nur, daß eine Anzahl westeuropäischer Staaten die PLO inzwischen als rechtmäßig gewählte Vertretung der Palästinenser anerkannt hat.)

Unsere Vereinigung, die von Anfang an die Kontakte zur arabischen Welt intensiviert hatte, hatte natürliche Partner in der entsprechenden arabischen Parlamen-tariergruppe. Schon im ersten Jahr wurden wir zu einem großen Treffen nach Damaskus geladen. Die Reise wurde zu einem Abenteuer ganz eigener Art.

Es war Nacht, als wir mit Verspätung ankamen. Alle waren müde und jeder hoffte, die zahlreichen hochrangigen Herren, die zu unserem Empfang bereitstanden, würden uns ohne viele Umstände zum Hotel geleiten. Aber es dauerte lange, bis unsere freundlichen Gastgeber alle organisatorischen Fragen gelöst zu haben schienen und wir in einem Bus saßen. Man hatte uns extra schön außerhalb der Stadt in den Bergen untergebracht. Fahrzeit fast eine Stunde. Zur Erfrischung gab es Becher mit lauwarmem Wasser. Die Stimmung sank. Endlich im Hotel erfuhren wir, daß unser Gepäck 'gleich' mit einem anderen Gefährt nachkommen sollte. Erschöpft und wirklich mißlaunig hingen wir wohl gut zwei weitere Stunden in der Hotelhalle herum, bis es 'gleich' war. Grußlos schleppte sich dann jeder in sein Zimmer, - endlich schlafen. aber schon beim ersten Morgenstrahl erhob der Muezzin per Lautsprecher laut und eindringlich seine Stimme und riß uns wieder hoch. Aber wir mußten sowieso bald aufstehen, denn eine Busreise durch das Land stand an...

Unter uns Europäern waren einige, die einfach einmal das Arabische beschnuppern wollten. Andere waren reine Schlachtenbummler. Und nur wenige gehörten wirklich zum 'harten Kern'. Das war nicht gut. Denn wir merkten schnell, daß unsere arabischen Freunde dieses Treffen wesentlich höher angesiedelt hatten: in ihrer Delegation waren ausgezeichnete Persönlichkeiten, die ausgefeilte Statements zur politischen, wirtschaftlichen und kulturellen Situation vorbereitet oder gar von ihren Regierungen ausgearbeitet bekommen hatten. Und wir hatten selbst nichts vorbereitet und waren einfach davon ausgegangen, daß unsere Experten sich schon gut schlagen würden. Aber unser damaliger Präsident, ein französischer Gaullist, hatte nicht einmal das vorher abgesprochen. Er hatte seine extravagante Frau und einen 'Leibjournalisten' mitgebracht, der die ganze Reise für ihn als Wahlkampfwerbung aufarbeiten sollte, - was uns gleichermaßen verblüffte und erzürnte. Uns darüber aufzuregen, hatten wir den ganzen Tag im glühend heißen Bus Zeit, während er mit seinem Gefolge in einer klimatisierten Limousine gefahren wurde. Immer dringlicher erschien uns eine Sitzung der Europäer vor der eigentlichen Konferenz. Aber wir fuhren nicht nur einen Tag in dem schönen Land umher, sondern noch einen zweiten, und Hitze und Erschöpfung steigerten unsere Erbitterung. Man zeigte uns die von den Israelis zerstörte Grenzstadt Kouneitra, in der wirklich fast kein Stein auf dem anderen geblieben war und die seither unbewohnt ist. Wir besuchten ein palästinensisches Flüchtlingslager, - enge Gassen, winzige Häuser und viele Menschen. Zu unserer peinlichsten Überraschung stieg die Frau unseres Präsidenten auf einen Stuhl und hielt eine flammende Rede über das Unrecht, das diesen Menschen ohne Heimat angetan wurde. Peinlich berührt stolperten wir über den steinigen Grund wieder zum Bus, nicht ohne dabei dem Präsidenten deutlich zu machen, daß wir eine Aussprache und mindeste Vorbereitung wünschten. Ihm, der doch überall und laufend Interviews gab, schien das nicht so wichtig zu sein. Und es war dazu ja auch tatsächlich keine Zeit - wir reisten umher. Aber am Vorabend der Konferenz trieben der Sekretär unserer Organisation und ein paar andere noch Tatkräftige die Truppe nach dem Essen in einem - scheußlichen - Raum zusammen. Jetzt oder nie! Nein, der Präsident sollte die Versammlung nicht leiten! Jemand anderer. Nur: wer denn? Vielleicht hatte ich im Lauf dieser beiden Tage meinen Unmut besonders lebhaft geäußert, jedenfalls erklärten die Versammelten kurzerhand, ich sei nun Vizepräsidentin und müsse die Sitzung leiten. Hätte mir der britische Sekretär nicht über die Hürden geholfen, ich hätte es nie geschafft, auch nur ein paar Punkte für die Diskussion zu sammeln und festzulegen, wer wozu sprechen sollte. Allerdings hing die vielsprachige Kollegenschaft endlich derartig verschlafen, ja fast schnarchend in den Stühlen, daß nicht mehr viel zu erwarten war! Immerhin waren wir, als am nächsten Tag die große Konferenz begann, nicht mehr ganz unvorbereitet. Und wir hatten Zorn abgelassen. Unser armer Präsident war ganz verwirrt. Er, der früher einmal Botschafter gewesen war, hatte sich die ihm zugekommene Bevorzugung durch die Gastgeber unbesorgt gefallen lassen. Ich jedenfalls habe ihn später als sehr liebenswürdigen Mann kennengelernt und schätze ihn - und seine Bescheidenheit! - heute noch. Feierlich wurden wir in den prächtigen Plenarsaal des syrischen Parlaments geführt: Wände, Sitze, Lehnen - alles mit wunderbaren verschnörkelten Schnitzereien verziert. Wenn ich da an unsere nüchterne Turnhalle in Bonn (etwas dergleichen war sie ja vor dem Krieg) dachte! Ich durfte mit einem Oppositionskollegen in einer der vorderen Bänke, die, weil der Saal rund ist, nur aus zwei Sitzen bestehen, Platz nehmen. Der Kollege hatte sich leider bisher nicht an der Arbeit unserer Bonner Gruppe beteiligt, er war auch nicht bei der mühseligen

Sitzung am Abend vorher dabeigewesen, aber er meldete sich frisch zu Wort. Es kostete einige Mühe und Diplomatie von unserer Seite, das durch ihn hervorgerufene Befremden bei den arabischen Kollegen wieder zu zerstreuen. Ach ja, einen englischen Lord hatten wir auch dabei, der wohlmeinend und besserwisserisch in verschiedene Fettnäpfchen trat. Es zeigte sich nur zu deutlich, daß man ohne Vorbereitung nicht diskutieren sollte, schon gar nicht mit Politikern, die einer anderen Kultur und Denkweise angehören... Dennoch: Ergebnis dieser schwer errungenen Konferenz war, daß uns Euro-päern Einblick gewährt wurde; daß nun von beiden Seiten die Bereitwilligkeit bestand, miteinander weiterzuarbeiten und daß die nächsten politischen Schritte vorsichtig hatten geklärt werden können.

## 48. Große Politik contra Vernunft

Mitte der 70er Jahre eine Konferenz in London, Thema: das Nahostproblem. Immer wieder versuchten wir, die europäische Parlamentariergruppe für die Zusammenarbeit mit arabischen Parlamentariern, dem Thema in unseren Ländern Gewicht zu geben. Immer wieder wiesen wir mit Entschließungen, Reden, Aufsätzen und Interviews sowie in Gesprächen mit unseren Außenministern auf den Konflikt zwischen Israelis und Palästinensern hin, auf den seit Jahren währenden latenten Krieg in der Region, um diese Problematik in den Vordergrund politischer Überlegungen in Europa zu rücken. Damals glaubten wir uns dem Ziel, der Zweistaatenlösung, näher denn je. In Europa und in Amerika schien sich etwas zu bewegen. Geheime politische Kontakte zwischen den beiden Hauptbeteiligten machten uns Hoffnung. Wir unsererseits hatten Kontakte zu Israelis und Palästinensern, die für den Frieden zwischen ihren Völkern arbeiteten. Eine Arbeit, die lebensgefährlich genug war: nicht nur wurden die Beteiligten immer wieder aus den eigenen Reihen zurückgepfiffen, sie waren von Radikalen bedroht, die zerstörten, was sie auf diplomatischem Weg erreichten, ja, sie waren überall von Verrätern und Mördern umgeben. Mancher Palästinenser, den wir als klugen, leidenschaftlichen Unterhändler kennengelernt hatten, war im Lauf seiner Mission schon ermordet worden. Mancher Israeli hatte Gefängnisstrafen absitzen müssen - weil er mit dem Feind geredet hatte. Dennoch waren auf jener

Konferenz alle zuversichtlich. Neu und aufregend war, daß wir diesmal einige der Hauptaktivisten in unserer Runde hatte: den Israeli Uri Avnery und den Palästinenser Said Hamami. Vorsichtige mögliche Folgeschritte wurden in Erwägung gezogen... Was für eine erregende Aussicht: endlich könnte es ein Ende der blutigen Fehde geben, endlich für die Palästinenser ein kleines Stück ihres Landes, endlich die aus eigener Kraft gesicherte Existenz Israels inmitten seiner arabischen Nachbarn. Aber dann sah alles wieder ganz anders aus. Die israelische Regierung wollte damals so wenig den Frieden wie heute, radikale PLO-Funktionäre steuerten gegen den Arafat-Kurs der Diplomatie. Und in Amerika - und infolgedessen auch in Europa setzten sich die Kräfte durch, die sich taub und blind auf die Seite der israelischen Regierung stellten. Es blieb dabei: die Palästinenser - die 'Terroristen' - waren Ursache und Grund für die Störung. Uri Avreny nennt die Binsenweisheit beim Namen: die Freiheitskämpfer des anderen Volkes werden grundsätzlich als Terroristen gesehen, während die eigenen Freiheitskämpfer, wenn sie fallen, zu Märtyrern hochstilisiert werden. Wie hoffnungsfroh war ich von jener Konferenz zurückgekommen, von den Gesprächen mit so vielen, die taten, was sie konnten, um den Weg zum Frieden freizumachen! Und wie enttäuschend gerieten wieder einmal gute und kluge Gedanken unter das Räderwerk der 'großen' Politik. Ob dort wirklich niemand fähig war - oder ist? - zu begreifen, wie viel für diese blutgetränkte Erde gewonnen wäre, ließe man endlich Klugheit und Vernunft gelten?

## 49. Politische Beobachter

Die parlamentarische Versammlung des Europarates diskutierte seit ein paar Monaten die Frage ihrer politischen Beobachter: schon seit Jahren nahmen israelische Beobachter an den Plenarsitzungen teil wäre es nicht fair, arabische Beobachter ebenfalls teilnehmen zu lassen? Beobachter konnten auf jeden Fall nur von einem Land entsandt werden, das ein demokratisch gewähltes Mehrparteien-Parlament hatte. Davon gab es in den arabischen Ländern keine Auswahl. Als wir die Frage erwogen, wäre Ägypten in Betracht gekommen. Bis wir aber in Straßburg eine Entscheidung zustandebrachten - in der Sache tauchten grundsätzliche und immer neue Schwierigkeiten auf - hatten sich die Verhältnisse in Ägypten verändert. So bot sich Mitte der 70er Jahre nur der Libanon an, wenn auch die Lage dort immer instabiler wurde. Den Befürwortern ging es darum, ein Gleichgewicht bei der Gewährung des Beobachterstatus herzustellen, die Gegner aber meinten, so etwas habe man Israel gegenüber nicht nötig, Israel habe immer und überall einen Sonderstatus zu fordern. Endlich einigte man sich doch darauf, es mit dem Gleichgewicht zu versuchen, und der Politische Ausschuß wurde in seiner nächsten Sitzung beauftragt, die Formel zu finden, nach der die Sache zu bewerkstelligen sei. Dort gingen noch einmal die Wogen hoch: als ob das Problem eben neu auf den Tisch gekommen sei, wurde leidenschaftlich debattiert... Ich weiß nicht, ob wir den Auftrag der Versammlung hätten erfüllen können, hätte nicht schließlich einer der britischen Kollegen, Sir Freddy, sein in jeder Hinsicht ansehnliches Gewicht eingesetzt. Nun sollte also einer arabischen Delegation der Beobachterstatus angeboten werden. Ausnahmsweise nahm an dieser Sitzung einer der Israelis teil. Und nun meldete er sich zu Wort: Gut, sagte er, er könne dem im Namen seines Landes zustimmen, unter der Bedingung, daß jene Araber sich ausdrücklich vom Terrorismus, in erster Linie also von der PLO, distanzierten. Kopfnicken rund um den Tisch. Das war ja selbstverständlich! Ich erlebte nicht zum ersten Mal, daß israelische Politiker oder Diplomaten andere Politiker israelischen Handlungsmustern unterwarfen. Ich fragte: "Halten sie, Herr K., es tatsächlich für geboten, daß Sie als Gast hier Bedingungen in bezug auf andere Gäste stellen? Wie würde Ihnen das im umgekehrten Fall gefallen?"

Ein Augenblick absoluter Stille folgte. Dann erhob sich ein Sturm der Entrüstung. Mein Kollege Helmut entschuldigte sich wortreich bei unserem Gast: was da von der Kollegin B. unbegreiflicherweise geäußert worden sei, entspräche keineswegs der Auffassung des Ausschusses, ja, wie er meine, keines Parlamentariers im ganzen Hause. Er sei zutiefst betroffen und bestürzt und bedaure, daß eine Kollegin der deutschen Delegation so gesprochen habe. Ich saß da wie eine Geächtete, - dabei war ja aus den langen Debatten vorher nur zu klar geworden, daß sehr viele Kollegen den Arabern gleiche Rechte zubilligen wollten, ohne besondere Bedingungen. Es wunderte mich nun doch, daß offenbar niemand sonst die Ungeörigkeit wahrzunehmen schien, die sich der israelische Beobachter, geschätzter Freund oder nicht, herausnahm: ein Gast stellte Bedingungen für die Aufnahme anderer Gäste! Wieder war es Sir Freddy, der die Wogen glättete und zur Sachlichkeit aufrief. Verletzt aber fühlte ich mich durch die Haltung eines meiner guten Freunde: er schaute mit steinernem Gesicht zum Fenster hinaus und würdigte mich keines Blickes. Empfand er denn die Demütigung nicht, die ich soeben erfahren hatte? - Beim Hinausgehen wechselten wir nur ein paar nebensächliche Bemerkungen. Natürlich fragte ich mich, ob ich recht gehabt hatte. Aber mein Gerechtigkeitsgefühl sagte mir, ich würde genau so wieder handeln. Ob sich der gewohnte Gedankenaustausch mit dem Freund wieder einstellen würde?

Wir hätten uns die ganze mühselige Debatte mit ihren teils bösen Konfrontationen sparen können, denn der immer heftiger ausbrechende Bürgerkrieg ließ den Libanon im Chaos versinken. Und da es dort bald kein demokratisch gewähltes Mehrparteienparlament mehr gab, erfüllte der Libanon von sich aus die Bedingungen, Beobachter in den Europarat zu entsenden nicht mehr.

## 50. Der PLO-Vertreter in Straßburg

In Straßburg lud ich die interessierten Kollegen zum Vortrag des PLO-Vertreters aus Paris ein, der sich bereiterklärt hatte zu kommen. Das Sekretariat hatte einen Raum im Palais de l'Europe zugesagt. Die Einladungen waren geschrieben und den Kollegen in die Fächer gelegt worden. Da rief der PLO-Vertreter an, er könne nicht kommen. Ich verstand, daß er, der erst vor ganz kurzer Zeit die Stelle in Paris angetreten hatte, noch sehr verschreckt war: er hatte dort den Schreibtisch übernommen, an dem sein Vorgänger ermordet worden war. Nun mußte er, im Privatleben Pianist, erst lernen, mit dieser Vorgeschichte und der eigenen aktuellen Bedrohung zu leben. Er ist dann schließlich doch gekommen, aber kaum hatte er neuerlich seine Bereitschaft dazu erklärt, erreichte mich andere Weisung über das Sekretariat. Jetzt hieß es, Veranstaltungen, die nicht Europaratsveranstaltungen seien, könnten nicht im Hause stattfinden. Da war eilig guter Rat teuer. Ich rief ein paar Freunde zusammen und wir einigten uns auf das Restaurant, das gegenüber im Orangeriepark lag. Allerdings war es zu klein, so daß die Veranstaltung nur in seinem Garten stattfinden konnte. Zum Glück war das Wetter gut. Als der Gast eintraf, waren immerhin 25 Kollegen aus den verschiedenen Ländern und Parteien versammelt. Der Nachmittag war sehr interessant, für die meisten europäischen Politiker die erste Gelegenheit, über das Nahostproblem von palästinensischer Seite zu hören. Es wurde viel gefragt und lebhaft diskutiert. Als wir, noch immer in regem Gespräch, zum Europahaus zurückkamen, begegneten uns in der Halle andere Kollegen. Erfreut erzählten sie, sie hätten eben im Beisein einiger Israeli eine euroisraelische Gruppe gegründet. Wo denn? Na, hier im Haus natürlich, im Ausschußzimmer 9...

# 51. Gesellschaftliches

König Khalid von Saudi-Arabien ist auf Staatsbesuch in Bonn. Es gibt eines der großen Diners im Brühler Schloß. Eine Handvoll Abgeordneter ist eingeladen. Hingehen oder nicht? Doch, - man sollte schon einmal an einem solchen Spektakel teilnehmen. Kollege Karl Hans und ich bestellen gemeinsam einen Wagen und lassen uns - Abendkleidung ist erbeten - schön geputzt nach Brühl fahren. Damit wir auch nichts falsch machen, hat das Protokoll einen 'Hinweis' für Gäste ausgegeben: "Die Gäste werden gebeten, die Anfahrt bis spätestens 19 Uhr 45 zu beenden. Sie betreten das Schloß am rechten Flügel (Seiteneingang) und werden in der Schloßhalle von Herrn Gesandten Graf Finck von Finckenstein und Gräfin Finckenstein begrüßt. Gegen 20 Uhr wird Seine Majestät König Khalid bin Abdul Aziz Al Saud von Saudi-Arabien von dem Herrn Bundespräsiden-ten und Frau Carstens empfangen. Sie nehmen gemeinsam auf dem Absatz der Balthasar-Neumann-Treppe Aufstellung. Es folgt das Defilee..." Die Gäste steigen feierlich in wohlgeordnetem Schwarm die Treppe hinauf (Vorsicht: langes Kleid!) und werden vom Protokollchef namentlich vorgestellt: "Herr Abgeordneter Karl Hans K. und Frau Gemahlin", verneigen sich und ersteigen mit Anstand die zweite Hälfte der Treppe. (War ich schon als "Frau Abgeordnete B. und Gemahlin" eingeladen worden, so werde ich hier selbstverständlich zur Gemahlin des begleitenden Kollegen. Bei offiziellen Anlässen gibt man eben

jedem die Ehre, eine Gemahlin zur Hand zu haben...).
Oben begibt man sich, dem Placement entsprechend, zu Tisch. Beim Essen plaudert man gedämpft. Mein Nachbar zur Rechten ist nicht zum Plaudern zu bewegen. In keiner Sprache. Er sitzt mit ernsthaftem Blick da, die Kafije auf dem Kopf. Später erfahre ich, daß er Vorbeter des Königs ist und nicht zu haben für gesellschaftliche europäische Sitten. Der König, wie er sich würdevoll und gemessen in seiner orientalischen Pracht bewegt, ist beeindruckend. Bei Tisch steht hinter ihm, das Auge zur Tür, sein Diener oder Bewacher, der jede Schüssel zunächst persönlich in Empfang nimmt, davon kostet und erst dann dem König vorlegt. "Nach dem Essen", sagt der 'Hinweist, "begeben sich seine Majestät König Khalid bin Abdul Aziz Al Saud von Saudi-Arabien, der Herr Bundespräsident und Frau Carstens durch die Schloßhalle und die Terrassenzimmer in den Blauen Salon. Die Gäste verharren zunächst stehend und folgen dann in die Terrassenzimmer..."

Es geht doch nichts über ein Zeremoniell! Wie langweilig wäre es, würden Menschen nicht einander Gelegenheit geben, in einer großen Show mitzuspielen!

## 52. Eine Reise nach Damaskus

Zwei Uhr früh - das Flugzeug ist gelandet. Ich hatte ja eigentlich sechs Stunden früher da sein sollen, aber der Flug war ausgefallen. Nun hoffe ich, daß ich trotz der so späten - oder frühen - Stunde, abgeholt werde... Als ich die Treppe zum Flugfeld hintersteige, sehe ich dort im Dunkel mehrere Gestalten. Ist wohl jemand für mich dabei? Alle! Sechs oder sieben Menschen sind meinetwegen da. Syrische Würdenträger, die mich freundlich willkommen heißen und in den Wartesalon geleiten. Und der deutsche Botschafter, ein sympathischer älterer Herr! Es ist fast unglaublich, daß auch er zu dieser Nachtzeit gekommen ist. Sobald es möglich ist, flüstert er mir zu: "Man hat für sie ein Hotelzimmer gebucht, gehen Sie aber nicht dorthin, es ist nicht zu empfehlen. Kommen Sie mit mir, ich habe ein Gästezimmer." Ich nehme dankbar an, - öde Hotelzimmer sind mir nur zu gut bekannt. Und er flüstert hastig: "Sie sind meine Cousine, das ist besser, weil man hier sehr empfindlich ist." Dann wendet er sich an die Würdenträger: "Die Dame ist meine Cousine. Ich werde sie in meinem Haus aufnehmen und hoffe, daß das Ihre Arrangements nicht stören wird, nicht wahr?" Die Herren erklären sich einverstanden. Morgen vormittag wird mich ein Wagen zum Parlamentsgebäude abholen. Inzwischen sind die Ankunftsformalitäten erledigt, unter höflichen Verabschiedungen verlassen wir das Flughafengebäude. Zufrieden lehne ich mich im Wagen meines neuen Vetters zurück. Und dankbar lasse ich mich in seinem gemütlichen Wohnzimmer in einen Sessel sinken. Er schenkt Cognac ein: "Willkommen, Frau Cousine!" - "Danke, Herr Vetter!"

Der 'Vetter' ist nicht gern in diesem Land, er kann mit den Syrern nicht warm werden. Die Atmosphäre kommt ihm unheimlich, fast bedrohlich vor, denn manche Reaktion ist hier ganz anders. Ich kann das verstehen - habe ich doch einmal einen deutschen Geschäftsmann, der hier spurlos verschwunden war, nur mit Hilfe merkwürdiger persönlicher Beziehungen wieder frei bekommen. Wer in Syrien aus irgendeinem Grund im Gefängnis oder sonstwo festgehalten wird, ist nur sehr schwer wiederzufinden. Nun bittet mich der 'Vetter', ich möge ihm meine Mission erklären. Ich bin als Copräsidentin unserer westeuropäischen Parlamentariergruppe für die Zusammenarbeit mit arabischen Parlamentariern hergekommen. Seit längerer Zeit schon wurde eine große gemeinsame Konferenz in Kairo vorbereitet, da erreichte unsere Geschäftsstelle in Paris die Absage: der syrische Parlamentspräsident, Vorsitzender der arabischen Gruppe, ließ ohne Begründung wissen: es wird nichts stattfinden. Jetzt bin ich von der europäischen Seite beauftragt, mit ihm zu sprechen und zu verhandeln.

Am nächsten Vormittag sitze ich im syrischen Parlamentsgebäude, einem wahrhaft orientalischen Palast, dem Präsidenten gegenüber. Das Zimmer ist klein. Wände, Fensterrahmen und Möbel in prachtvoller arabischer Schnitzerei. Ohne viele Umstände kommt der Präsident zur Sache: unfreundlich, eigentlich ruppig, hält er mir eine Strafpredigt. Und hört und hört nicht auf zu reden. Er hält die euro-arabische

Kooperation für unnütz und überflüssig, denn, sagt er, was wissen schon die Europäer von den Arabern! Nichts! Von daher sieht er keinen Grund für ein Treffen in Kairo - und deshalb wird es nicht stattfinden. Ich bin inzwischen wirklich ärgerlich geworden. Ich bin empört. So etwas habe ich auf 'internationalem Parkett' noch nicht erlebt. Als er endlich fertig ist, verschwende auch ich keine der sonst üblichen Höflichkeiten. Ich erkläre dem Präsidenten, daß ich seine Argumente für lächerlich und unsinnig halte. Denn wenn man in Europa schon nichts von den Arabern weiß, - was weiß man denn hierzulande und sonst in der arabischen Welt von den Europäern? Gebietet es sich nicht allein deshalb schon von selbst, daß man einander trifft und kennenlernt. Mir ist doch etwas eigentümlich zumute, als ich vielleicht hab ich's ja jetzt erst recht verpatzt? Was wird er jetzt tun? Er lehnt sich, offenbar zufrieden, zurück, - ja, er lächelt. "Ah", sagt er, "jetzt wissen wir, daß wir unter Freunden reden." Und nun - es wird frischer Tee eingeschenkt - wird es fast gemütlich. Meine Vorschläge, vielleicht einen anderen Tagungsort zu wählen (denn ich merke, daß da gegen Kairo irgendwelche Vorbehalte sind) oder die Konferenz zu verschieben, lehnt er zwar ab, aber auf einmal interessiert ihn die euro-arabische Zusammenarbeit doch. Nur: warum dann die Absage? Ich versuche, in seinem Gesicht zu lesen, aber: ich verstehe auch nicht genug...? - oder doch...? Ist da in seinen Augen nicht etwas wie heimliches Vergnügen? Er wollte mich mit einem Bluff abwimmeln - das waren gar nicht die wahren Gründe für seine Ablehnung! Und ich habe pariert. Eigentlicher Hintergrund ist die zunehmende Verstimmung zwischen Syrien und Ägypten. Ich erfahre es wenige Tage danach aus der Presse. Wir beiden aber, der Syrer und ich, legen mit dieser seltsamen Begegnung den Grundstein für ein merklich besseres Klima für die Zusammenarbeit der kommenden Jahre.

Vor meiner Abreise am nächsten Morgen werden zwei kostbare Geschenke vom Parlamentspräsidenten abgegeben: ein golddurchwirkter Brokatstoff und ein Kästchen mit Elfenbeinintarsien. Der 'Vetter' lächelt anerkennend.

## 53. Harte Arbeit

Ich war kein Neuling mehr in der Arabienpolitik, als ich aus Kairo und aus Damaskus Einladungen erhielt, zusammen mit meinem Mann einen Privatbesuch in beiden Hauptstädten zu machen. Selbstverständlich sollten politische Gespräche nicht ausgespart werden, wir sollten aber auch Ruhe genug haben, um ein paar Sehenswürdigkeiten genießen zu können. Das war ein unverhofft schönes Angebot: die einmalige Gelegenheit, gemeinsam mit meinem Mann auf politischem Pfad unterwegs zu sein. In Damaskus angekommen, begrüßte uns ein junger Beamter des Außenministeriums, der uns als Begleiter zugeteilt war. Er ging mit uns zu den Politikern, mit denen Besprechungen vorgesehen waren, er unternahm Besichtigungen mit uns und er führte uns zum Essen aus. Die Tage waren übervoll. Tiefen Eindruck machten uns die sogenannten Märtyrerschulen, Internate für die Kinder von im Kampf gegen Israel Gefallenen, von denen viele überhaupt keine Familien mehr hatten. Da war das Haus für die Kleinen im Vorschulalter und aus den ersten Schulklassen. Wir wurden von der 'Mutter' empfangen, einer würdigen Dame reiferen Alters, die dem Haus vorstand. Sie erzählte uns, daß viele ihrer Zöglinge durch die Schrecken, die sie erlebt hatten und natürlich durch den Verlust ihrer Eltern sehr verstört waren. Deshalb wurden sie in kleinen Gruppen sehr sorgfältig und liebevoll betreut. Während sie uns die Einrichtung der Schule in allen Einzelheiten erläuterte und uns von der pädagogisch vorzüglichen Art und Weise, in der hier gearbeitet wurde, immer mehr überzeugte, ging auf einmal die Tür einen Spalt weit auf und ein kleiner Junge im blauen Schulkittelchen kam vorsichtig auf Zehenspitzen herein. Er sagte kein Wort, sondern legte die Ärmchen um den Hals der 'Mutter'. Sie küßte ihn und er trabte sichtlich befriedigt wieder hinaus. "Das braucht er", sagte die 'Mutter', "er muß sich vergewissern." Ganz und gar erstaunlich war, was sie vom Staatschef, von Assad, erzählte: er besuche das Heim regelmäßig, er kenne jedes Kind, rede und spiele mit ihnen, erkundige sich genau nach dem Gesundheitszustand und nach den geistigen Fortschritten jedes einzelnen. Und die Kinder, sagte sie, liebten ihn alle wie einen Vater. Assad, der mit seinem fast gewinnenden Lächeln, mit dem er von Plakaten überall auf sein Volk herunterschaut, auch uns begrüßt hatte, verbirgt, das wußte ich recht gut, dahinter Härte, ja, Grausamkeit. Widersprüche, die Fremde nicht aufzulösen wissen ... Bei ihm nicht - und sicher auch bei manch Anderem nicht.

Überall auf den Straßen sahen wir Menschen, die an Brunnen saßen und Tee kochten, die sich Füße und Gesicht wuschen. "Das sind Pilger auf dem Weg nach Mekka", erklärte uns Walid, unser Begleiter. "Sie warten vermutlich auf eine günstige Gelegenheit, die letzte Strecke mit irgendeinem Verkehrsmittel zurückzulegen." Die Pilger, die zum Teil von weit her kamen, hätten nämlich ihre Reise vergebens getan, wenn sie nicht bis zu einem bestimmten Tag am Ziel sein würden. Walid wollte uns etwas ganz Besonders bieten und führte uns eines Abends in ein französisches Restaurant. Wir hätten viel lieber 'einheimisch' gegessen, aber da war nichts zu machen. Auch nicht daran, daß wir dort Froschschenkel vorgesetzt bekamen. Nie hätte ich freiwillig Froschschenkel gegessen! Diese waren noch dazu nicht frisch, dafür aber umso merkwürdiger paniert. Jedenfalls überfielen mich nachts alle Übel einer Vergiftung. Mein Mann blieb davon zum Glück verschont. Am Morgen erschien Walid - ich sah ihn wie durch einen Nebel am Fußende meines Bettes stehen und hörte ihn mit meinem Mann diskutieren, der irgendwann sagte: "Nein, das geht wirklich nicht." "Was denn?", fragte ich auftauchend aus meinen Nebeln. Das Programm! An diesem Vormittag sei ein Gespräch vorgesehen. Unten in der Halle, ich müsse nicht mal aus dem Haus. Ich fühlte mich zu schwach, um darüber auch nur nachzudenken und blieb teilnahmslos liegen. Walid verhandelte mit meinem Mann. Sie holten gemeinsam aus der Apotheke eine riesengroße Flasche mit weißem dickflüssigem Zeug. Davon mußte ich schlucken. Und Walid setzte allmählich durch, daß ich aufstand und, sorglich gestützt und geleitet meinem schon wartenden Gesprächspartner und seiner Begleitung gegenübertrat. Sofort sank ich in einen Sessel. Mir war eingefallen, daß auch für den Nachmittag ein Gespräch angesetzt war aber ich konnte um die Welt in meinem Kopf nicht ordnen, wer nun eigentlich dieser Herr war und wer der am Nachmittag sein würde. Ich wußte also nicht, worüber wir zu sprechen hatten. Weil aber üblich ist, daß der Gast nach einigen allgemeinen Redewendungen das eigentliche Gespräch einleitet, brach mir der Schweiß aus. Mit aller Kraft versuchte ich mich zu konzentrieren, nahm das falsche Thema in Angriff - und alle starrten mich verwundert an. Weder mein Mann noch Walid konnten helfen, denn die Begleitung hat nicht das Recht mitzureden. Ich kam dann auf die richtige Spur und wir haben die Sache leidlich durchgestanden. Hinterher durfte ich wieder ins Bett und Medizin schlucken. Und am Nachmittag war mir wirklich schon besser. Im Auto ging's zum Präsidenten des Palästinensischen Nationalrates, der damals noch im vollen Einverständnis mit Assad seinen Sitz in Damaskus hatte. Zwei Wachen mit Maschinenpistolen standen vor dem Haus. Man führte uns durch einen Hof und ins einige Stufen höhergelegene Hinterhaus und schloß zu unserer Verblüffung die Türe hinter uns von außen zu. Da waren wir also in einer kleinen Stube und warteten. Ich war nur froh, daß ich mich dabei hinsetzen konnte, denn richtig wohl war mir noch längst nicht Nach einer Weile trat der Präsident ein, es wurde Kaffee gebracht und die Außentüre wieder verschlossen. Und das Gespräch verlief gut: über die Organisation des palästinensischen Nationalrates, über die Zukunftsaussichten der Palästinenser...

Meinem Mann machte es inzwischen Spaß, den Statisten zu spielen - er bestand sogar darauf, bei ganz offiziellem Anlaß zwei Schritte hinter mir zu gehen. Am nächsten Morgen fand sich eine Anzahl von Persönlichkeiten ein, um uns auf dem Flugplatz zu verabschieden. Es ging weiter nach Kairo. Wir saßen eine ganze Weile beisammen, die Abflugzeit war längst vorbei, da teilte einer der Herren, der Erkundigungen eingezogen hatte, mit, daß wir sechs Stunden Wartezeit vor uns hatten. Wieso denn das? Mir schien, als zögerte er, uns den Grund zu nennen: die Maschine war für die Pilger, die sich noch in der

Stadt aufhielten, eingesetzt worden! Nach Mekka. Da ging es um eine heilige Pflicht - und das leuchtete uns natürlich ein.

Wir waren nun gespannt, ob uns in Kairo dennoch, wie versprochen, ein Herr von der deutschen Botschaft abholen würde. Und tatsächlich: der Presseattaché war da, hatte sich an die Unregelmäßigkeiten des Flugverkehrs gewöhnt, gleich Arbeit mitgenommen und die Wartezeit gut verbracht. Nun hoffte er nur, daß das für uns reservierte schöne Zimmer mit Aussicht auf die Pyramiden inzwischen nicht anderweitig vergeben war. Im Hotel angekommen, beteuerte der Empfangschef zwar, daß es natürlich noch frei sei, jedoch oben führte man uns in ein düsteres Hofzimmer mit Blick auf viele Wasserleitungen. Wir trösteten uns: die Pyramiden würden wir schon noch zu sehen bekommen. Abends im Speisesaal fiel das elektrische Licht aus, alle Gäste saßen in wahrhaft ägyptischer Finsternis. Das aber beunruhigte, wie es schien, niemanden. Die Mahlzeit wurde bei Kerzenschein fortgesetzt.

Auch hier hatten wir einen jungen Regierungsbeamten als Begleiter. Mit ihm machten wir uns auf den Weg, den Präsidenten des Parlaments in seinem Landhaus zu besuchen. Wir fuhren eine schöne, mit Bäumen und Büschen bestandene Straße nach Süden, als wir am Straßenrand niedrige Erdhügel entdeckten. Da wohnten Menschen! Unser Begleiter mochte sich auf unsere verwunderten Fragen nicht äußern. Aber daß es hier sehr viele bitterarme Menschen gab, war uns schon überall in der Stadt aufgefallen. Auf dem berühmten großen Friedhof waren die prächtigen Grabdenkmäler gleichzeitig Unterkünfte für ganze

Familien. Das üppige Grün zu beiden Seiten des Nil überwältigte uns um so mehr, als kaum ein paar Schritte weiter im Land die karge Sandwüste beginnt, mit den riesigen Pyramiden, der eigenartigen Sphinx und den Tempelruinen aus grauer Vorzeit.

Auf dem Nil im Segelboot flußabwärts: wie schön die Ufer, die vielen fremdartigen Vögel, wie beruhigend das stille Gleiten auf dem Wasser. Aber das Nahostproblem - lese ich meine Gesprächsnotizen von damals - war wie überall in der arabischen Welt, der Mittelpunkt aller politischen Betrachtungen, Überlegungen und diplomatischen Kontakte. Wie viel Wasser ist seither den Nil hinabgeflossen...

## 54. Nahost-Konferenz in Bonn

Am Schreibtisch im 'Langen Eugen', dem Abgeordnetenhochhaus. Meine Rede für die euro-arabische Parlamentarierkonferenz muß fertig werden. Robert, der Sekretär der europäischen Gruppe, ruft an: er bestätigt daß 15 führende arabische Teilnehmer und 18 von uns gemeldet sind. Das ist die Zahl, mit der ich gerechnet habe. Zum ersten Mal wird ein solches Treffen in Bonn stattfinden. Ich habe dazu eingeladen, mit der Zusicherung des Staatsministers im Auswärtigen Amt, Ben Wisch, daß das Amt die notwendige finanzielle Unterstützung garantiere. Er selbst, das hat er mir versprochen, wird einen prächtigen Empfang geben. Seitdem laufen die Vorbereitungen: die Friedrich-Ebert-Stiftung organisiert Hotelunterkunft und Dolmetscher und stellt den eigenen Sitzungsraum zur Verfügung. Und ich bestelle ein Rheinschiff, damit dem Ernst der Vorträge und Diskussionen eine Lustpartie folge. Alles klappt, ich bin zufrieden. - Aber in Bonn werden politische Aktivitäten, wenn sie Araber betreffen, mit Mißtrauen betrachtet. Besonders in diesem Fall, weil zwei Palästinenser an der Konferenz teilnehmen werden. PLO-Leute! Zwei Tage vor Ankunft der Gäste teilt mir ein Mitarbeiter der Stiftung in dürren Worten mit, daß das Auswärtige Amt die Mittel gestrichen habe. Dolmetscher und Hotelzimmer seien sofort abbestellt worden. Den Teilnehmern dürfe ich nun noch absagen. Nun bin ich es, die mißtrauisch wird. Das ist doch unmöglich, - was ist denn passiert? Mein Mittelsmann weiß auch nichts weiter, er sagt nur: "So ist das eben." Aber das kann nicht sein! Also: Ben Wisch. Aber die Sekretärin sagt: "Der Herr Staatsminister ist in Brüssel." - "Ja und? Wo kann ich ihn dort erreichen?" - "Mir ist keine Rufnummer bekannt." Und das soll ich glauben? Ich könnte aus der Haut fahren! Was jetzt? Jedenfalls nicht aufgeben. Da gibt es doch neben Ben Wisch noch den Staatsminister Moersch, - der muß helfen. Aber weil es schon fast Abend ist, ist er nicht mehr im Büro. Ich setze mich auf seine Spur, telefoniere und telefoniere und stöbere den Verblüfften endlich in einer Weinprobe auf. Sein Erstaunen wächst, als ich ihm hastig, nervös die ganze Angelegenheit auseinandersetze, ja, es wird zu blankem Entsetzen. "Geladene hochrangige Politiker haben Sie gesagt, vier Parlamentspräsidenten dabei? Und die sollen hier einfach auflaufen?" "Ja", rufe ich, "vier Parlamentspräsidenten. Und man kann die arabischen Gäste gar nicht mehr erreichen! Ich weiß, daß sie schon unterwegs sind." Er schnauft hörbar ins Telefon. "Ich kann das gar nicht glauben! So etwas Verrücktes! Ich werde jedenfalls sofort morgen früh im Amt die Sache klären. Ja, ich rufe Sie an. So bald wie möglich." Ein Stein ist mir vom Herzen! Aber die Zimmer, - ich werfe den Mantel über, denn es regnet in Strömen, und renne zum Hotel. Der Herr im schwarzen Anzug hinter der Empfangstheke mustert die verregnete Gestalt recht zurückhaltend. Ob die Zimmer noch frei sind? (Jetzt packt mich erst wirklich Panik.) Der Herr blättert in seinem großen Buch. Zögernd sagt er: "Sie sind noch nicht anderweitig gebucht." Ich halte mich an der Messingstange der Theke fest und sage heiser: "Bitte, buchen Sie alle auf meinen Namen." Der Herr zieht die Augenbrauen hoch: "Alle?" - "Ja, alle." Fünfzig Zimmer im Steigenberger! Mir schwindelt.

Wie versprochen ruft der hilfreiche Staatsminister am nächsten Morgen an: Die Konferenz wird stattfinden. Selbstverständlich. "Was hier im Haus allerdings niemand versteht, ist, daß keiner bisher auch nur das Mindeste davon gehört hat." Das verstehe ich auch nicht. "Und was wird aus dem Empfang? Es geht nicht ohne einen offiziellen Empfang der Bundesregierung. Wer wird ihn geben?" - "Das ist schwierig", sagt er, "wegen der Teilnahme der PLO-Funktionäre. Wir haben keine diplomatischen Beziehungen zu Befreiungsbewegungen." - "Wenn schon. Es geht ja darum, daß die Konferenz als Ganzes protokollgerecht wahrgenommen wird. Man kann ja auch auswärtigen Gästen nicht vorschreiben, wie sie ihre Delegation zusammensetzen." Wir einigen uns auf den sehr gewandten Botschafter, der zur Zeit den offiziellen euro-arabischen Dialog leitet. "Gut", sagt der Staatsminister, "aber die Regierung kann PLO-Leute nicht namentlich einladen." Das darf nun kein Hindernis mehr sein. "Laden Sie doch einfach die europäische und die arabische Delegation mit je einer Karte ein", schlage ich vor. Sehr ungewöhnlich, - aber es scheint nachher niemandem aufzufallen. Ich sage der Friedrich-Ebert-Stiftung Bescheid, Dolmetscher und Rheinschiff werden wieder angeheuert und am festgesetzten Tag beginnt die Konferenz so normal wie jede andere. Eben bin ich im Begriff, zur feierlichen Begrüßung der Gäste den Mund aufzumachen - da tritt, strahlend, selbstbewußt, Ben Wisch auf den Plan, schiebt mich, der Schwergewichtige - vor laufenden Kameras - mühelos aus dem Bild und übernimmt. Und verschwindet wieder. Die Medien berichten von einer gelungenen, politisch bemerkenswerten Konferenz, auf der zum ersten Mal Vertreter der vom Nahost-Konflikt in besonderer Weise Betroffenen europäischen Parla-mentariern Rede und Antwort standen. Dank des diplomatischen Geschicks des in arabischen Angelegenheiten besonders versierten Staatsministers. Die Teilnehmer aber, in glücklicher Unkenntnis des hektischen Vorspiels, erfreuen sich der aufgeschlossenen Gesprächsatmosphäre, des glänzenden Abend-empfangs, der romantischen Schiffahrt - und werden noch lange davon sprechen. Ich, bei späterer Gelegenheit: "Aber du warst es doch, der die Konferenz zwei Tage vorher noch zu Fall bringen wollte, du hast dich doch der Israellobby in vorauseilendem Gehorsam gebeugt!" Ben Wisch: "Ich? Aber nein doch! Niemals! Die Konferenz war doch ein hervorragender Erfolg!"

## 55. Nahostdebatte im Europarat

Ich hatte mich an die eigentümliche Redeweise in Straßburg erst gewöhnen müssen. Ob das mit dem Übersetzen zu tun hatte? Das glaubte ich eigentlich nicht. Jedenfalls fühlten sich hier viele veranlaßt, eine auffallende Art von 'Hochsprache' zu wählen: "... beziehe ich mich auf die hervorragenden Ausführungen meines geschätzten Kollegen Benoy, die, wie wir gewiß alle mit Genugtuung die Gelegenheit hatten, festzustellen, in besonderem Maße im Lichte der Entschließung Nr. 23 formuliert waren..."
    Heute jedoch hörte man nichts dergleichen. Gegner und Befürworter der israelischen Politik stießen hart aufeinander: "Wie jedes andere Volk haben die Palästinenser Menschenrechte, man darf sie nicht aus ihrem Land vertreiben!", riefen die Einen. "Ihr Land?", dagegen die Anderen, "so eine Anmaßung! Das Land ist und bleibt israelischer Boden!" Der britische Kollege Faulds begehrte auf: "Das ist Geschichtsverdrehung." Kollegin Nielsen aus Dänemark im brennend roten Kleid schrie: "Heuchelei!" zu ihm hinüber. Er erbleichte unter seinem gepflegten Backenbart - heftige Zwischenrufe von allem Seiten. Präsident Czernetz schlug sein Hämmerchen auf den Tisch. Irritiert mahnte er zu Gelassenheit. Allmählich glätteten sich die Wogen.
    Der Besuch der großen alten Dame stand bevor: Golda Meir. Es wäre vielleicht gar nicht falsch, in ihrer Gegenwart die Dinge beim Namen zu nennen. Aber das würde ganz und gar gegen den Comment ver-

stoßen, so etwas ist nicht üblich.

Kommt ein Staatsoberhaupt zu Gast, dann nutzt es die Gelegenheit, hier seine Politik, die Interessen seines Staates darzulegen. Die Abgeordneten reichen schon am Tag davor ihre Fragen an das Staatsoberhaupt ein, die, nach Rede und Beifall, aufgerufen werden. Golda Meir kam nach Straßburg, gerade als der österreichische Kanzler Bruno Kreisky den Strom jüdischer Auswanderer aus der UdSSR, der in seinem Land Zwischenstation machte, nicht unbedingt - vor allem nicht gegen den Willen der Betroffenen - nach Israel weiterleitete. Sie legte ihr Redekonzept beiseite und sprach glühend vor Empörung über eine Stunde vom Recht eines jeden Menschen, in das Land seiner Herkunft einzureisen und dort leben zu dürfen. Niemand habe das Recht, dies zu verhindern. Sie sprach leidenschaftlich von den Gefahren, die ihr kleines Land inmitten seiner Feinde bedrohten, sie sprach vom Lebenskampf Israels, der Heimat aller Juden in der Welt. Als sie zu ihrem Platz zurückging, war so etwas wie Kirchenstille im weiten Halbrund. Es war in der Tat beeindruckend, wie diese alte Frau auftrat, wie sie redete. Wer hätte bestreiten mögen, daß zu Herzen ging, wie sie ihre Sache darzustellen wußte? Kein Zweifel aber: sie war durch und durch Politikerin und wußte sehr wohl die Wirkung ihrer Worte einzuschätzen. Ein deutscher Abgeordneter nahm, sichtlich ergriffen, als erster das Wort: "Frau Ministerpräsidentin", sagte er, "wir sind alle tief erschüttert. Meine Kollegen werden so wie ich denken, daß nach Ihrer außerordentlichen Rede keine Fragen gestellt werden können. Das wäre unangebracht. Wir können Ihnen nur danken!"

Einen Augenblick verblüfftes Schweigen, dann aber steigende Unruhe im Saal. Der Präsident zögerte nur kurz. Dann ging er zur Tagesordnung über. Er rief die erste Frage auf. Mir stand der Besuch von Simon Peres, dem Labourführer aus Israel, in der Bundestagsfraktion in Bonn vor Augen. Auch er fast wie ein höheres Wesen bewillkommnet, hatte - wenn auch nüchterner als Frau Meir - von der Not seines Landes gesprochen, das, bedroht von feindlichen Arabern, gezwungen sei, in ständigem aufreibenden Abwehrkampf zu leben. Als er geendet hatte und ich mich zu Wort meldete, stieß mich mein Nebenmann an und flüsterte ironisch: "Merkst du denn nicht, daß dies eine Feierstunde ist? Und du willst fragen...?!" Ich wurde aufgerufen. 'Onkels' mißbilligenden Unterton konnte ich dabei nicht ganz überhören. Ich fragte, warum palästinensische Jugendliche so viel schlechtere Ausbildungsmöglichkeiten hätten als israelische, und warum palästinensische Bürger in Israel weniger Rechte hätten. Peres antwortete: "Die Palästinenser haben eine ganz andere Mentalität. Sie gehen nicht gerne von zu Hause weg, sie leben in der Familie und verzichten deshalb auf weitere Ausbildung. Was die Rechte angeht - das ist ein Problem. Wir Israeli herrschen nicht gern über ein anderes Volk im Land. Eine unangenehme Situation." Ich fragte weiter - die Labourpartei war damals in der Opposition -: "Würden Sie, wenn Sie jetzt an der Regierung wären, die Besiedlung der besetzten Gebiete auch betreiben?" Antwort: "Nun, ich würde diese Sache jetzt nicht so machen." Das waren Antworten, die zu denken geben konnten. Jetzt, hier in Straßburg, fragte ich die Ministerpräsidentin (Labourpartei): "Frau Ministerpräsidentin, wenn jedermann das Recht hat, im Land seiner Herkunft zu leben, wie legen Sie dann dieses Recht in bezug auf die Palästinenser aus?" Frau Meir antwortete: "Sehen Sie, es gibt viel zu viele Palästinenser. Wollten die alle in Israel leben - das könnten wir unmöglich zulassen." Wie gerne hätte ich nachgehakt! Aber das war nicht erlaubt. Und als ich abends beim festlichen Empfang in der Orangerie ausdrücklich von ihr in den Kreis hineingewinkt wurde, in dem sie, von Leibwächtern umgeben, klein und ein wenig gebückt stand, da tat ich's nicht! Wir standen einander gegenüber und ich, gebannt von ihren dunklen lebhaften Augen, mein Weinglas in der Hand, fühlte mich gefangen in unverbindlichem Geplauder.

# 56. Sympathien

Nachdem das Camp David Abkommen 1978 auf zähes Drängen von US-Präsident Carter und unter seiner Obhut mit Ägypten und Israel geschlossen war, wurde viel zu seinem Lob geredet. Alle Welt hoffte, dieses Abkommen bedeute erste wichtige Schritte in Richtung Frieden in Nahost. Die arabische Welt dagegen sah in dem Abkommen lediglich einen Privatfrieden zwischen Ägypten und Israel. Sie wies darauf hin, daß der Kern des Konflikts in der Region, nämlich die Frage, was mit den Palästinensern werden solle, ausgespart geblieben sei. Konnten die Araber darauf vertrauen, daß die Israelis keine neuen Siedlungen im besetzten Gebiet errichten würden? Und was beinhaltete die Formel: nach fünf Jahren könne den Palästinensern eine Art Selbstregierung zugebilligt werden? Hatten denn nicht längst UNO-Resolutionen Selbstbestimmung für die Palästinenser gefordert? Mich selbst stimmte zudem bedenklich, daß der ägyptische Außenminister Kaamel, ein Mann, den ich als Botschafter seines Landes in Bonn hoch schätzen gelernt hatte, in der Folge des Abkommens zurücktrat. Von meinen arabischen Freunden wurde ich in die lebhaftesten Diskussionen gezogen. Und der Europarat, den das Camp David Abkommen ebenfalls beschäftigte, wollte sich aus erster Hand informieren: man lud die Außenminister Ägyptens und Israels ein. Der Plenarsaal war dicht besetzt und die Spannung bei allen Abgeordneten spürbar. Und nun geschah etwas völlig Unerwartetes: der Ägypter,

Boutros Ghali, glänzte mit Sachargumenten und Rhetorik, der Israeli, Moshe Dajan, blieb merkwürdig schwach. Die dringenden Fragen nach den tatsächlichen Folgen des Abkommens für die Palästinenser aus israelischer Sicht beantwortete er vage, unbefriedigend. Je mehr er gedrängt wurde, desto weniger sagte er. Am Ende äußerten sich knapp 5 % der Abgeordneten zustimmend zu Israels Rolle im augenblicklichen Zeitpunkt, während alle anderen mehr Hoffnung auf Ägypten setzten. Der Araber ging entschieden als Sieger aus der Redeschlacht hervor! Und das in einer europäischen parlamentarischen Versammlung, deren Mehrheiten grundsätzlich Sympathien für Israel äußerten.

## 57. Libanon 1981

Das Institut für palästinensische Studien in Beirut hat mich zum Vortrag eingeladen. Ich bin gespannt auf dieses Institut, von dem ich einige Veröffentlichungen gesehen habe. Namhafte, vor allem libanesische, Persönlichkeiten bilden den Vorstand. Leila, die diesem Vorstand angehört, begrüßt mich im Hotel. Wir fahren durch die Stadt. Aber - was ist aus dieser wunderschönen Stadt geworden, die wie eine Perle an der blauglänzenden Meeresbucht liegt, gegen das Land hin von den steil aufsteigenden Berghängen des Libanongebirges geschützt? Da ist längst von keiner Seite mehr Schutz. Der nichtendende Bürgerkrieg hat den Hafen zerstört, aus den eleganten Hotels entlang der Strandpromenade sind Ruinen geworden, ebenso wie aus vielen Häusern überall in der Stadt. Besonders an der großen Tangente, die früher dicht befahren war, ist fast kein Haus mehr unversehrt. Und die Tangente wird gemieden, sie gilt als zu gefährlich. Überall und zu allen Stunden tags und nachts wird geschossen, explodieren Autobomben, brennen Häuser. Aber überall gibt es Läden, die, oftmals provisorisch in baufälligen Hauseingängen oder in Kellergewölben eingerichtet, neben den Dingen des täglichen Bedarfs die schönsten und erlesensten Waren feilbieten: Feine Stoffe, extravagante Mode, teure Lederwaren, Radio- und Fernsehapparate, Fotoausstattungen! Und Verkaufskarren in der Stadt halten anspruchsvolle Kosmetikartikel, Seifen, Seidenschals und anderes bereit. Nichts fehlt. Ich kann mir nicht vorstellen, wie sie es schaffen, diese Libanesen, dergleichen Waren überhaupt hereinzubekommen. Und daß das alles gekauft wird angesichts der Zerstörung und immer merkbarer werdenden Auflösung aller Ordnung! Verschiedene einander feindliche Milizen kontrollieren die Straßenzüge und Kreuzungen. An Sandsacksperren werden Passanten und Autos gestoppt; sie müssen nachweisen, was sie berechtigt, diese Sperren zu passieren.

Am Abend dieses ersten Tages führt Leila mich zu Freunden: einem libanesischen Diplomaten, der jahrelang in London und Paris Botschafter gewesen war und den ich seinerzeit dort getroffen hatte. Wie Leila gehört er jetzt dem Vorstand des Instituts an. Die Wohnung liegt im elften, im obersten Stock eines modernen Hauses, bombengefährdet schon jetzt. Im kleinen Kreis bekomme ich Informationen aus erster Hand über die Vorgänge hier im Land: über die verschiedenen Glaubens- und Bevölkerungsgruppen, die einander immer unversöhnlicher gegenüberstehen; über syrische Hilfstruppen, die hier schlichten sollen, die aber, wie immer sie auch ihre Aufgabe auffassen mögen, gewiß nicht zur Entspannung beitragen; und darüber, wie die Palästinenser inzwischen ein gut organisiertes Beinahe-Staatswesen mit ihren Flüchtlingslagern errichtet haben, das von den Libanesen zunehmend als Bedrohung empfunden wird. Meine libanesischen Freunde sehen das alles mit Sorge. In dieser milden Nacht sitzen wir lange auf ihrer Dachterrasse. Noch ziehen sich Lichter die nächsten Hügel hinauf, aber vollkommen im Dunkel liegt die verwaiste Hafenbucht. Hin und wieder hören wir ferner oder näher Schüsse aus den Straßen. Wachsende

Gefahr ist fühlbar - man muß mit ihr leben - inshala: wie Gott will.

Am Morgen dann das Institut: welch reichhaltiges Archiv! Bücher und Zeitschriften aus aller Welt, eine wahre Fundgrube. Mir bleibt nur kurze Zeit, da hineinzusehen, denn im Konferenzzimmer versammelt sich inzwischen eine zwar nicht große, aber, wie sich zeigt, sehr qualifizierte Zuhörerschaft. Ich habe sorgfältig an meinem Vortrag gearbeitet, ihn auch in möglichst klarem Englisch verfaßt, aber nun beschleicht mich doch Lampenfieber. Mein Thema heißt: "Die Problematik der Palästinenser in der öffentlichen Meinung der Bundesrepublik." Ein schwieriges Thema, denn weitgehend gibt es in der Bundesrepublik gar keine Meinung über die Palästinenser, weil man nichts von ihnen weiß. Hat man aber von ihnen gehört, sieht man sie durch die offizielle israelische Brille: als Terroristen. Nur wenige Bundesbürger denken anders. Meine Zuhörer sind darüber nicht erstaunt, sie kennen das geringe Ansehen, das die Palästinenser in Europa und Amerika haben. Wir diskutieren eine ganze Weile. Daß mitten im auseinanderbrechenden Libanon die Palästinenser sich so gut organisiert haben, verunsichert: Von früheren Besuchen ist mir bekannt, wie zielstrebig die aus ihrer Heimat Vertriebenen arbeiten und ihre kargen Flüchtlingssiedlungen verwalten. In Beirut habe ich kleine Produktionsstätten verschiedenster Art gesehen. Ich weiß, daß bei geringstem Lohn, jeder versichert ist, daß es eine Rente für Arbeitsunfähige und Alte gibt. Ich war im palästinensischen Krankenhaus, das in einem der beiden städtischen Flüchtlingslager - Sabra oder Shatila - lag, die kurze Zeit später ein so schreckliches Schicksal erleiden sollten. Mit den einfachsten Mitteln und seinen Rehabilitationswerkstätten wurden hier damals die erstaunlichsten Heilerfolge erzielt. Die Behandlung war kostenlos - auch für mittellose Libanesen. Ich konnte nur staunen... Aber daß solche Art eigenständiger Verwaltung und Organisation der palästinensischen Flüchtlinge auf seiten ihrer Gastgeber Verunsicherung und fast ein Gefühl der Bedrohung erweckt, erscheint kaum verwunderlich. Die Diskussion macht denn auch deutlich, wie sehr man hofft, nicht nur für die Palästinenser, sondern auch im Libanon möchten bald wieder menschenwürdige Lebensumstände hergestellt werden...

## 58. Noch Libanesisches

In den Bergen oben sind die Drusendörfer. Da lebt Walid Djumblatt, der gerade das Amt des Chefs der Drusen, die sich als 'links' und 'sozialistisch' verstehen, übernommen hat, als Nachfolger seines ermordeten Vaters. Er tritt dieses Amt offenbar nur zögernd an. Noch ahnt er wohl selber nicht, welche Rolle er in den grausamen Kämpfen der folgenden Zeit spielen wird. Ich finde einen stillen, einen fast verträumten Mann, der nur wenig von Politik spricht. "Ach bitte", sagt er, als ich mich verabschieden will und schaut mich mit seinen großen dunklen Augen an, "bleiben Sie noch. Es ist angenehm zu plaudern." Hier oben in seinem baumschattigen Hof am Berghang scheint das Verderben, das dieses Land bedroht, noch ausgegrenzt. Er hebt, als wenn er es abwehren könnte, seine schlanken Hände und schaut beim Sprechen sinnend dem immerwährend steigenden und fallenden Wasser des kleinen Springbrunnens zu. Die weißen Blüten am Spalier duften in der Sonne unerträglich süß, mir wird unheimlich zumute.

Der junge Palästinenser Gareb fährt mich die Küstenstraße entlang nach Süden, vorbei an unzähligen zerschossenen Häusern, durch Tyros. Gareb bremst scharf, mitten auf der Straße ist ein tiefes breites Loch: heute morgen, erzählen die Leute, ist hier eine israelische Bombe eingeschlagen. Sie sind das gewöhnt. Eine Frau winkt uns, wir sollen mit ihr in die nahe Kirche gehen, sie möchte das unversehrte Heiligenbild zeigen. Weiße Lilien hat sie davor in einem Krug geordnet. "Wie schön!", sage ich. Sie sieht mich an, dann zieht sie eine der herrlichen Blumen aus dem Strauß und reicht sie mir. Gareb und ich kommen zum Palästinenserlager Rashidije - dort war ich schon einmal. Wenig hat sich verändert seither, nur daß die Bewohner unter ihre kleinen niedrigen Häuser Keller gegraben haben, enge Löcher, in die die Familien sich vor allem nachts zum Schutz vor israelischen Bomben und Raketen drängen. Auf den engen Gassen vor den Häusern sind die Feuerstellen. Duftende Brotfladen werden darauf gebacken. Frauen gehen auf und ab, Kinder spielen - es ist wie damals.

Aber der südlichste Lagerzipfel, der am nächsten zur israelischen Grenze liegt, hat keine Häuser mehr. Nur noch Gräber. Ich betrachte das mit Trauer. Da werden immer wieder wehrlose Menschen getötet oder verletzt! Dennoch, - ich weiß aber auch von palästinensischen Kommandoeinheiten, die unter Einsatz ihres Lebens Überfälle nach Israel hinein unternehmen. Denen wiederum dort Menschen zum Opfer fallen. Zwischen diesen beiden Völkern ist Krieg, dessen Ursache auf der weltpolitischen Tagesordnung stehen sollte - damit endlich eine Lösung gefunden werden kann! Offizielle Vertreter des Gemeinwesens Rashidije begrüßen mich, sie bieten Tee an und sprechen von der Not und der Hoffnung der Menschen hier. Noch ein anderer Gast ist da, Professor Taylor aus den USA. Vor Jahren sind wir uns auf einer Konferenz in London begegnet, jetzt treffen wir uns wieder an diesem 'Ende der Welt', der ungeschützten Grenze zu Israel. Kaum ein Jahr später werden die Israelis sie überschreiten, mit einem furchtbaren Krieg das Land überziehen, diese gesamte Region zerstören und die Menschen, Palästinenser und Libanesen, auf die Flucht treiben oder töten. Aber noch ist die alte Kreuzfahrerfeste Beaufort in palästinensischer Hand. Hoch ragt sie auf unmittelbar an der Grenze. Von ihren Zinnen schaue ich hinunter nach Israel. Diese Feste, das Bollwerk der Christen gegen die Ungläubigen, dessen Kasematten, in den Fels gehauen, vor jedem Ansturm sicher waren, wird fallen. Ich träume mich noch auf diese Zinne, die ich im vollen Sonnenschein nur für einen Augenblick hatte betreten dürfen, und habe den Blick über weites baumbestandenes Land vor Augen, als mich das Flugzeug wieder fortträgt. In weitem Bogen über das Meer, weg von den nahen Schneegipfeln und der Stadt, die so prächtig dazuliegen scheint, deren Wunden die rasch größer werdende Entfernung verbirgt.

## 59. Podiumsdiskussion

Aschaffenburg. Ein Podium im Stadttheater. Es geht um das Thema 'Nahostproblem'. Als Präsidentin der Deutsch-Arabischen Gesellschaft bin ich geladen. Erst an Ort und Stelle höre ich, daß dies die Abschlußveranstaltung besonderer Festtage ist: Aschaffenburg hat vierzig Jahre nach Kriegsende seine ehemaligen jüdischen Mitbürger geladen. Im Vorzimmer stehe ich meinen Mitdiskutanten gegenüber - und fühle mich in der Falle: drei namhafte Israelis, ein Vertreter des Judenrates in Deutschland, der Präsident der Deutsch-Israelischen Gesellschaft (ein Kollege der Opposition, der mich stets mit Verachtung straft) und der deutsche Botschafter in Israel, ein schwacher und gefälliger Mann. Und Erich Fried, dem ich hier zum ersten Mal begegne. Außer ihm mögen sich die anderen Herren der Runde kaum herablassen, mich zu begrüßen. Der Moderator, ein offenbar argloser Fernsehredakteur, flüstert mir zu: "Keine Sorge! Sie stehen hier keineswegs allein da, - es kommt noch Professor Diewald, ein Nahost-Experte, wie Sie wissen." Aber der sagt im selben Moment ab. Wir besteigen die Bühne und lassen uns mit steifer Würde im Halbkreis nieder. Mein Pulsschlag geht zu schnell, ich bemühe mich um Gelassenheit. Und schaue auf: tausend Augen sind auf die Bühne, auf mich gerichtet, aus dem Halbdunkel des Hauses, das, düster rot ausgeschlagen, bis hoch in den vierten Rang dicht besetzt ist. Zuerst 'statements' der Reihe nach. Bevor ich das erste

Wort sagen kann, zeigt Asher Ben Nathan, der vornehmste der Israelis, dem Publikum mit unmißverständlichen Zeichen an, daß man es hier mit einer Blödsinnigen zu tun habe. Er scheut sich auch nicht, mir das Wort im Mund umzudrehen: "Wie freundlich" ruft er dazwischen, "daß Sie den Juden doch zugestehen, auch Menschen zu sein!" Es verschlägt mir die Stimme. Ich hatte gesagt, daß neben dem Recht der Juden auch das der Palästinenser an ihrem angestammten Land gelte. Ich atme tief durch und spreche weiter. Und greife auf eine vorher am Tisch gefallene Behauptung auf, sage: "Nicht alle Juden sind Zionisten." Kaum daß die Herren nun ihre Empörung im Zaum halten können! Erich Fried stimmt mir zu - und der gesammelte Zorn der Runde wendet sich nun gegen ihn! Böse Worte: ein Jude, der nicht in Israel lebe, habe kein Recht, sich so zu äußern... Mein Kollege, der Vorsitzende der Deutsch-Israelischen Gesellschaft, der sich zufrieden unter seinesgleichen fühlt, sagt: "Ich als Christ und Jude..." Das hätte er lieber nicht gesagt - sofort ist er im Kreuzfeuer. Dennoch: das - jüdische - Publikum hat Beifall für Erich Frieds Ausführungen. Und auch ich bekomme Beifall. Und am Ende des Spektakels eilt ein Zuhörer auf mich zu. "Lassen Sie sich nicht einschüchtern", sagt er, "sie haben wirklich nicht gesagt, was Ben Nathan Ihnen unterstellt hat!" Ich stütze mich die paar Stufen von der Bühne in den Saal auf seinen Arm. Wie dankbar bin ich diesem Fremden, der mir hilft, die Kränkungen dieses Vormittags zu überwinden. Mehr zu mir als zu ihm sage ich: "Warum ich überhaupt eingeladen wurde, weiß ich nicht." Aber er antwortet freundlich: "Das hatte schon seinen Sinn", und drückt mir die Hand. Das Mittagessen mit der Diskussionsrunde schlage ich aus. Ich bin mir selten so mißbraucht vorgekommen. Und der Moderator? Er tat nichts, um zu moderieren, zu mäßigen.

# 60. Der Paragraph 218 in den 70er Jahren

"Ach, bitte, liebe Frau Abgeordnete (lieber Herr Abgeordneter), lassen Sie doch unsere kleinen Geschwister am Leben!" Dieser Satz sprang mir und meinen Fraktionskollegen aus unzähligen Briefen entgegen, Briefen, geschrieben mit ungelenker Kinderhand von katholischen Grundschülern. Erschüttert breitete ich diese Briefe vor mir aus: wer mag denn seinen arglosen kleinen Schülern einen so ungeheuerlich verlogenen Text diktieren?! Hatte man vielleicht mit der Geschichte vom Kindermord in Bethlehem vorgearbeitet??

Die Aufregung um die Reform des Paragraphen 218 kannte keine Grenzen. Auch aus katholischen Altersheimen erreichten uns Briefe, die uns gleichfalls Kindermord anlasteten. Das Schreiben einer alten Frau jedoch rührte mich: sie erklärte, da ich so tief gesunken sei, Gottes Schöpfung nicht mehr zu achten, werde sie täglich für mich beten.

Es ging darum, daß die Sozialdemokraten zusammen mit den Liberalen die sogenannte Fristenlösung nach bestimmten Indikationen zulassen wollten. Wie da vor allem die älteren konservativen Männer in der Plenardebatte den Ton angaben! Bebend vor Entrüstung traten sie für das ungeborene Leben ein, aufs Peinlichste erörterten sie, wann und wie aus Samen und Ei neues Leben entsteht. Fast war der Same an sich schon schutzwürdiges Gut. Der medizinisch-juristischen Argumente war kein Ende. Als stärkste Waffe wurde das furchtbare Wort 'Euthanasie' in den Saal geschleudert. Was diese Herren wohl bereit gewesen wären, für das hilfsbedürftige geborene Leben zu tun ...? Mag sein, daß zu ihrer Erregung besonders beitrug, daß sie ihre angeborene Überlegenheit wanken fühlten angesichts der zahllosen Frauen landauf landab, die das Gesetz des Handelns an sich gerissen hatten. Daß endlich einmal die immer geduldigen Wählerinnen kämpferisch ihre Forderungen den Volksvertretern unüberhörbar in ihr Hohes Haus hineinschrien. Das war beunruhigend! Das war neu. Das war bis dahin einmalig.

Woran es wohl liegen mag, daß obwohl inzwischen 20 Jahre vergangen sind, die Debatte noch immer auf demselben Stand zu sein scheint?

## 61. Wenn guter Rat teuer ist

Als ich zum ersten Mal nach Daressalam kam, traf ich mit einer Gruppe Frauen zusammen. Ihre erste Frage war: "Sagen Sie uns, wie macht man es in Europa, nicht jedes Jahr ein Kind zu bekommen? Größere Abstände zwischen den Geburten? Es ist schwer, immer ein Kind am Rockzipfel zu haben, eines an der Brust, und schon wieder schwanger zu werden." Sie sahen mich erwartungsvoll an. Ich hatte keine fertige Antwort. Also sagte ich zögernd: "Man müßte wohl zunächst mit den Männern reden." Schallendes Gelächter! Die Männer! Nein, das ist nichts. Also dann Verhütungsmittel. Ja, das wußten sie, aber eine rechte Hilfe auf längere Zeit sei das nicht. Und die Pille? Die konnte man noch nicht bekommen. Noch nicht - aber hoffentlich bald. Grundsätzlich hatten sie ja nichts dagegen, viele Kinder zu haben. Das Land sei groß, sagten sie, genug Platz für alle. Ein Mann, der am Ende des Nachmittags hereinkam, um mich abzuholen, widersprach dem. "Nein", sagte er. "Wenn das auch unsere Tradition ist, wir dürfen nicht mehr so viele Kinder haben. Die Bevölkerung wächst zu rasch." Er löste einen Sturm der Entrüstung aus. Kaum eine mochte ihm glauben. "Sieh doch, wie viel Land frei ist!", riefen sie. Von mir hatten sie ja nur zu erfahren gehofft, wie man erreichen kann, daß die Geburten nicht so schnell aufeinanderfolgten. Mir wurde immer klarer, daß sie mehr von mir erwartet hatten. Einen besonderen, einen geheimnisvollen Rat. Aber nun ist es ja nicht so, daß wir klugen Bewohner der Industrieländer tiefere Weisheiten besitzen. Die hatte ich eigentlich eher in Afrika vermutet.

# 62. Hardthöhe

Einmal waren Verteidigungsausschuß und Auswärtiger Ausschuß auf die Hardthöhe geladen. Der Generalinspekteur der Bundeswehr hielt Vortrag. Brav in Reih und Glied saßen wir, die Augen auf große Schautafeln gerichtet, auf die er mit seinem Zeigestock wies: da waren klar die Fakten des Ungleichgewichts der Rüstungen in Ost und West dargestellt. Panzer für den Osten z. B. riesengroß, weil sie dort in so horrender Überzahl waren. Klein dagegen die wenigen auf westlicher Seite. Nicht viel anders war's mit den Kampfflugzeugen bestellt, von denen allerdings viele verschiedene Typen das Bild belebten. Und gar die Atomraketen, landgestützt oder seegestützt, mit ihren vielfältigen Sprengköpfen und Reichweiten... Hatte 'der Westen' doch von der einen oder anderen Sorte etwas mehr, so rechnete der beschlagene Herr die Dinge wie Äpfel und Birnen gegeneinander auf - so kam es mir jedenfalls vor. Absolut verwirrend und schreckeinflößend. Nicht zu vergessen dabei: die Mannschaften mit und ohne Reserven... Was noch alles gegeneinander abgewogen wurde, weiß ich nicht mehr. Immerhin dämmerte mir allmählich, welche Absicht hinter dieser Belehrung steckte: wir Politiker sollten weichgeklopft werden, der 'Nachrüstung' zuzustimmen. Verteidigungsminister Hans Apel hatte sich inzwischen diesem Unterricht zugesellt locker, mit einem Scherzwort, wie das seine Art war. Aber doch wohl in der Absicht, der Veranstaltung besonderes Gewicht zu geben. Ich fühlte mich hilflos: was der Inspekteur vortrug, konnte ich nicht beurteilen. Ich mußte es so hinnehmen - und wollte es nicht! Unzulässig schien mir verschiedentlich, wie hier Dinge verrechnet oder gleichgesetzt wurden. Hätte ich nur mehr gewußt! Dann hätte ich Fragen stellen können. Kein Zweifel, der Inspekteur war in aufreizender Weise seiner Sache sicher. Ich sah die Reihen meiner Kollegen entlang - keiner äußerte Fragen, Einwände, Zweifel. Wie war das nur möglich? Wenn wir auch seit Jahrzehnten hörten, der Sowjetüberfall stünde dicht bevor, und wenn auch diese Angst systematisch geschürt wurde, so wußte dennoch mancher sehr gut wie unwahrscheinlich das war. Und nun waren sie alle wie gebannt und beugten sich, die unabhängigen Volksvertreter, ohne weiteres der Autorität dieses Mannes.. Weil er General war?? Nachher versuchte ich mir's zusammenzureimen: die Nichtgedienten mochten sich geschmeichelt gefühlt haben, so unmittelbar ins militärische Vertrauen gezogen worden zu sein. Und die anderen - nun, denen mochte es ergangen sein wie alten Schlachtrössern, wenn sie auf einmal die Trompeten wieder hören.

# 63. Umwelt

Das Parteiprogramm der Sozialdemokraten legte schon in den 70er Jahren fest, daß die Sorge für die Umwelt als 'Gemeinschaftsaufgabe' gelte. Alle sollten dies beherzigen und daran arbeiten, in Bonn und überall im Land. So jedenfalls verstand ich die Sache und war sehr froh darüber. Denn während jahrelanger Mitarbeit im BUND (Bund für Umwelt und Naturschutz in Deutschland) in Niedersachsen hatte ich gelernt, die fortschreitende Zerstörung unserer Lebenswelt immer deutlicher zu sehen, und mich nach Kräften dagegen engagiert. Nun allerdings kam es mir bald so vor, als spiele diese Gemeinschaftsaufgabe beim Regieren in Bonn überhaupt keine Rolle.

Der sogenannte 'Linkenkreis' der Fraktion bekam eines Nachmittags Besuch von Helmut Schmidt, dem damaligen Finanzminister. Und zur Sprache kam das Problem 'Umwelt'. Erstens, erklärte Schmidt, regeneriere sich die Natur sowieso von selbst, so daß eigentlich gar keine Maßnahmen für ihre Erhaltung und für ihren Schutz notwendig seien. Zweitens seien Luft, Erde und Wasser unerschöpflich. Schon allein das Wasser erneuere sich sieben Mal. Besorgter Einwand einer Ungläubigen: "Und wird dabei immer weniger!" Antwort des Meisters: "Quatsch. Das ist Spinnerei!" Frage: "Und was ist mit der Luft und mit der Erde?" Antwort: "Wir sind hier, um reelle Politik zu machen. Und die müssen wir den Leuten so erklären, daß auch die Frauen in ihren Küchen sie verstehen. Glaubt mir, wenn die Menschen genug Geld in ihrem Portemonnaie haben, ist ihnen das wichtiger als all der Unsinn, den euch da ein paar Naturapostel vorbeten."

Frage: "Was ist denn dann mit der Gemeinschaftsaufgabe 'Umwelt'?" Antwort: "Da braucht ihr keine Bange zu haben. Wir müssen nur erst mal das Geld dafür verdienen. Das muß schließlich da sein."

(Aha. Nicht einmal im Wirtschaftsaufschwung haben wir also dafür Geld. Wann aber dann?) Frage: "Aber wenn nicht bald etwas dafür getan wird, wird es denn dann nicht immer teurer, die entstandenen Schäden zu beseitigen - vorausgesetzt, das geht dann überhaupt noch?" Antwort: "Was ihr begreifen müßt, ist, daß wir auf dem Weltmarkt konkurrenzfähig bleiben müssen. Davon leben wir schließlich. Was glaubt ihr, wie es unsere Industrie beeinträchtigen würde, wenn wir ihr auf einmal all den Kram, von dem diese Spinner reden, vorschreiben wollten?"

## 64. Resignation

Kollege Erich schreibt: "Im nachhinein, lautet die Spruchweisheit, sei man klüger. Klüger nun nach zehnjähriger Arbeit als Bundestagsabgeordneter? (...) Ich wußte vorher nicht, daß unsere Aufgabe weitgehend darin besteht, staunend zuzuhören, zu schlucken und zu akzeptieren."*

Bei einem anderen heißt es: "In Bonn war schon alles beraten und beschlossen, als die Bundestagsfraktion zum erstenmal mit der Regierungsbildung und den politischen Vorhaben für die Legislaturperiode befaßt wurde. Ich wunderte mich, fragte nach, kritisierte. Helmut Schmidt war noch Vorsitzender. Er fertigte mich kurz ab, nicht; unfreundlich, aber trocken und beiläufig... Das war's also, was auf den frisch gewählten Volksvertreter (...) wartete? - Oder auch nicht. Erstaunlich viel von dem, was uns notwendig erschien, wurde in Angriff genommen. Aber Reformpolitik hat ihre Tücken..."**

Und ein drittes Zeugnis lautet so: "Einem Menschen meiner Herkunft, einem Arbeiterkind, mußte es als höchst ehrenvoller, die letzten Kräfte fordernder und zugleich unabweisbar verpflichtender Auftrag erscheinen, Volksvertreter werden zu dürfen... Aber,

*Erich Meineke, in: Hoffen, Zweifeln, Abstimmen. Seit 1969 im Bundestag. 14 Abgeordnete berichten, hg. von Hugo Brandt, Reinbek 1980, 71
**aaO., 56

obwohl ich ein von Kindheit an schwieriges, hartes und von reichlichen Bitternissen begleitetes Leben bewältigt hatte, lernte ich in zehn Jahren Bonner politischer Arbeit noch hinzu, welche Unterstellungen und Demütigungen den erwarten, der verändern und verbessern will..."*

Keinem ist wohl Resignation erspart geblieben, der nach Bonn kam. Es kann vermutlich bei politisch hochmotivierten Menschen gar nicht anders sein, - die sich das Funktionieren eines demokratischen Parlaments allerdings demokratischer vorgestellt hatten. Aber nur die wenigsten haben das Handtuch geworfen.

Was im Rückblick dennoch als Erfahrung aufleuchtete: daß das gemeinsame Bemühen Freundschaften stiftete, die trotz der Anonymität des unpersönlichen Getriebes mal hier, mal dort wie freundliche Lichter aufglänzten.

*aaO., 113

# 65. Feiern

Irgendwann habe ich doch einmal eine Fraktionsweihnachtsfeier mitgemacht. An langen kerzengeschmückten Tischen saßen die Mitarbeiter und wir Abgeordneten bei Kaffee und Kuchen. Jeder freute sich auf die Ferien. Und Herbert Wehner hielt eine launige Ansprache, - ja, das konnte er, der gewöhnlich so Bitterernste. Da es ihm zu Ohren gekommen war, daß wir, wenn wir untereinander von ihm sprachen, ihn halb respektvoll, halb liebevoll 'Onkel' nannten, flocht er in seine Rede schmunzelnd die Bemerkung ein, er wolle, wenn er denn schon 'Onkel' sein solle, versuchen, diesem Ehrentitel auch Rechnung zu tragen. Daß nach Monaten harter Arbeit die Kollegen ein Recht hatten, frohgestimmt zu feiern, war ihm wohl bewußt. Nur weil ich mir das klarmachte, brachte es mich nicht aus der Fassung, daß er kein Wort über das ganz andere Fest verlor, dessen Vorbereitungen ich auf meinem Weg zur Weihnachtsfeier wahrgenommen hatte: Gärtner und Hausbedienstete waren nämlich damit beschäftigt, den Plenarsaal mit gelben und weißen Chrysanthemen auszuschmücken, und draußen übten junge Soldaten, mit Sarg und Lafette umzugehen. Es wurde zu Carlo Schmids Totenfeier gerüstet. Merkwürdige Weggenossen, diese beiden: Herbert Wehner und Carlo Schmid. Der kluge tapfere Kämpfer kleiner Herkunft und der Weltbürger, der letzte Humanist...

## 66. Abschied von Bonn

Während meiner dritten Legislaturperiode in Bonn überdachte ich meine Lage. Ich fühlte mich auf dem Höhepunkt meiner politischen Laufbahn. Meine Arbeit fand Anerkennung in fernen Ländern ebenso wie in Europa. Ich hatte Freunde gewonnen, auch in der Fraktion. Die vielseitigen Anforderungen waren mir gerade recht. Aber noch einmal bei meinen sturen Niedersachsen, die mich nach wie vor nicht für voll nahmen, um eine neue Kandidatur buhlen zu müssen - nein. Das erschien mir entwürdigend. Ich meldete meinen Verzicht rechtzeitig an. Die lieben Genossen werden froh gewesen sein, den lästigen 'Listensonderfall' loszuwerden. Der Bezirksvorstand hatte ja selbst meine ganz gut angelaufenen Bemühungen um einen Wahlkreis zur zweiten und dritten Kandidatur jeweils abgeblockt: man bevorzugte gestandene Gewerkschafter und war zudem noch immer überzeugt, eine Frau, noch dazu eine 'Linke', tauge nicht für einen Wahlkreis. Und das letzte Mal war ich sogar auf der Landesliste so weit nach unten gerutscht, daß meine Widerwahl am seidenen Faden hing. Nein - Schluß mit all dem!

So war mein Abschied aus Bonn meine eigene Entscheidung. Er wurde mir nicht besonders schwer - auch weil dort immer weniger bewegt werden konnte. Die 'Sachzwänge', sprich: Druck vom kleineren Koalitionspartner FDP und der Wirtschaft verhinderten klare sozialdemokratische Politik. Dazu kam noch während meiner letzten Monate dort das wachsende

Gespenst der sogenannten Nachrüstung.

Ein Abschied war's: von einem besonderen Lebensabschnitt und eben von all dem, was mir Politikmachen persönlich bedeutete. Es schmerzte, die Fäden, die mich mit Afrika und der arabischen Welt verbanden, nun lösen zu müssen. Ebenso wie die zum Europarat und der WEU. Wie befreiend es gewesen war, dort die eigenen Kräfte wachsen zu fühlen, wirken zu können ohne das Mißtrauen der 'Kanalarbeiter' im Nacken! Dort durfte ich wie jeder andere an der Debatte im Plenum teilnehmen, dort beschnitt mir niemand das Rederecht. In Bonn war mir das in elf Jahren nur drei Mal zugestanden worden, und dann jeweils als letzter Rednerin mit stark gekürzter Redezeit. Viel habe ich auch in den beiden europäischen parlamentarischen Versammlungen gelernt im Umgang und der intensiven Zusammenarbeit mit Kollegen aus den verschiedenen Mitgliedsländern. Und in den vielen Jahren als Ausschußvorsitzende. Es war eine reiche Zeit! Trotzdem war ich nicht eigentlich traurig, als all das aufhörte: das Gefühl, einer neuen Freiheit mit anderen Aufgaben entgegenzugehen, der Familie wieder näher, erfüllte mich mit Zuversicht.

# Inhalt

1. Wie alles anfing — 9
2. Der Hosenanzug — 15
3. Rechts und links — 19
4. Demokratieverständnis — 21
5. Interview — 25
6. 'Onkel' — 27
7. Sicherheitsmaßnahmen — 29
8. Fraktionszwang? — 33
9. Macht — 35
10. Abstimmung — 39
11. Versammlungen — 43
12. Beim Fernsehen — 47
13. Filmriß — 49
14. Exklusive Gesellschaft — 51
15. Weiße Nelken — 55
16. WEU — 57
17. Panne — 63
18. Mit dem WEU - Ausschuß in Amerika — 67
19. In Rom — 69
20. Ein Gastmahl in Rom — 73
21. Beim Papst — 77
22. Als Frau unter Männern — 79
23. Entwicklungshilfe — 83
24. Ein Abendessen — 87
25. Korruption? — 89
26. Die Otragsaga — 93
27. Tansania — 97
28. Mit der Kuh am Strick — 105
29. Gabun — 107
30. Ausgezeichnet — 115
31. Angola — 117
32. Konferenz in Bissao — 121

| | | |
|---|---|---|
| 33. | Versprechungen | 123 |
| 34. | Bissao / Kap Verden | 127 |
| 35. | Kamerun | 133 |
| 36. | Kenia | 141 |
| 37. | Senegal / Niger | 143 |
| 38. | Die Bundesregierung und Südafrika | 151 |
| 39. | Informationslücken | 163 |
| 40. | Gespräch im Garten | 165 |
| 41. | Südafrikanisches | 167 |
| 42. | Die Buren | 171 |
| 43. | Soweto | 175 |
| 44. | Ein Gebannter | 179 |
| 45. | Windhoek | 183 |
| 46. | Unbotmäßigkeit | 189 |
| 47. | Nahostinitiative | 193 |
| 48. | Große Politik contra Vernunft | 199 |
| 49. | Politische Beobachter | 201 |
| 50. | Der PLO - Vertreter in Straßburg | 205 |
| 51. | Gesellschaftliches | 207 |
| 52. | Eine Reise nach Damaskus | 209 |
| 53. | Harte Arbeit | 213 |
| 54. | Nahostkonferenz in Bonn | 219 |
| 55. | Nahostdebatte im Europarat | 223 |
| 56. | Sympathien | 227 |
| 57. | Libanon | 229 |
| 58. | Noch Libanesisches | 233 |
| 59. | Podiumdiskussion | 237 |
| 60. | Der Paragraph 218 in den 70er Jahren | 241 |
| 61. | Wenn guter Rat teuer ist | 243 |
| 62. | Hardthöhe | 245 |
| 63. | Umwelt | 247 |
| 64. | Resignation | 249 |
| 65. | Feiern | 251 |
| 66. | Abschied von Bonn | 253 |